열심히 사는데
왜 생각처럼 안 될까

为什么你很努力，却过得不如意

作者: 子阳

열심히 사는데
왜 생각처럼 안 될까

즈양 지음 | 임보미 옮김

파주Books

이 책은 모든 이에게 전하는
노력에 관한 지침서다.

세상은 혹독하다.
비바람을 겁내지 말고
앞을 향해 나아가라!

노력하는 사람은
자신의 야심이 드러나는 것을
두려워하지 않는다

Contents

Prologue

지금 이 순간 뜻대로 되지 않을지라도
나의 노력은 계속될 것이다

Part 1

기회가 없었던 게 아니라 노력이 부족해서다

열심히 사는데 왜 생각처럼 되지 않을까?
더 이상 노력할 수 없을 때까지 노력하고,
스스로 감동할 때까지 최선을 다해라!

지금 이 순간 뜻대로 되지 않을지라도
나의 노력은 계속될 것이다.

나는 최근 몇 년간 불행을 겪으며 깨닫고 성장했다. 많은 청춘 남녀들처럼 불신, 배신 등으로 상처를 받았지만 내 마음속 처음의 낭만은 영원히 간직할 것이다. 설령 켜켜이 상처가 쌓이더라도 미소를 잃지 않을 것이다. 언제까지 그런 모습을 유지할 수 있을지, 또 어떤 보답이 있을지는 모르겠지만 말이다. 다만 하늘은 절대 노력하는 자를 저버리지 않을 거란 사실만은 분명히 알고 있다.

《열심히 사는데 왜 생각처럼 안 될까》를 썼을 당시만 해도 원고를 청탁한 출판사도, 주변의 권유도 없었다. 다만 무언가 써야 할 것 같은 생각이 들었을 뿐이다. 일찍이 겪었던 그리 유쾌하지 않은 일들이 오늘에 와서야 기쁨과 만족감을 주고 있다.

나는 어떤 상황에서 이 책을 썼던가? 만약 주목받지 못한다면 본래 힘들었던 생활은 더 어려워질 것이다. 그렇다면 내 발등을 내가 찍는 시간 낭비 아니겠는가. 하지만 나는 리스크가 있더라도 용감하게 나아가야 한다고 생각한다. 그렇기에 지금껏 포기하지 않겠단 마음으로 계속해서 걸어왔다. 길이 험난하고 힘이 들었지만 마음만은 편안했다.

사람들은 종종 나를 화교로 오해하는데 내 입장에선 그리 달갑지만은 않다. 비록 이전의 작품에서 나이, 신분, 지역의 한계를 뛰어넘는 내용을 담아온 것은 사실이지만 단지 오랜 고민의 결과였을 뿐이다. 대다수의 독자들은 나를 잘 모르고 내 형편이 아주 좋을 것이라 생각하는데, 현실이 얼마나 참담한지를 모른다.

현재 나는 작품을 창작하고 출판하는 길을 걷고 있다. 설령 계속되는 어둠 속에서 눈이 멀어버릴지라도 나는 계속해 나갈 것이고, 그러다 보면 반드시 좋은 일이 생기리라 믿는다. 다른 사람들이 비웃으면 또 어떤가. 인생은 아주 짧다. 이미 수차례 당한 비웃음 따위 한 번 더 당해본들 아무 문제 될 게 없다. 그간 나는 노력하여 그동안 내가 추구해온 것들을 증명해 보였고 그 유종의 미로서 더 많은 사람을 놀라게 할 것이다.

인생은 수행의 과정이다. 곳곳의 고난과 역경을 헤쳐야 할 뿐 아니라 숱한 비난과 질책도 감내해야 한다. 그러나 나는 태연자약한 태도로 일관한다. 비록 깊은 밤 깨어났을 때는 가슴이 미어지듯 아프더라도 또 해가 밝으면 다시 받아들일 것이다!

고작 이삼십 년의 시간을 통해 깨달은 점이라면 '남이 뭐라 하든 자신의 길을 가는 것'이 후회 없는 선택이라는 점이다. 난관이 닥치면 피하거나 지름길을 권하는 사람들이 어찌 알겠는가. 나처럼 '불가능'한 일을 밀어붙여 '가능'한 일로 만들어 본 적도 없는데 말이다.

대학 시절 내 작은 소망은 바로 사회에 진출해 내가 좋아하는 일을 하는 것이었다. 졸업 후 나는 단계마다 작은 목표를 세우고 순조롭게 현실로 만들어 나갔다. 인생 최고의 영광을 얻을 때까지 나는 꾸준히 노력해 나갈 것이다. 기왕 이렇게 여러 해 견지해 온 만큼 몇 년 더 한들 어떻겠는가? 또 실패로 끝난들 어떻겠는가?

나는 더 이상 모두가 나를 사랑하고 이해해주기를 바라지 않는다. 단지 나를 사랑해주는 사람을 사랑할 능력을 잃지 않고 후회 없이 사랑할 것이다.

현실은 냉혹하다. 실패와 좌절을 겪을 때마다 나는 반성한다. 비록 적지 않은 길을 돌아왔지만 언제나 밝고 올바른 길이었다. 조금 더 단련한들 어떤가!

젊은 우리가 굳이 다른 사람이 정해놓은 길로 가야 하는가? 용감하게 내 주관을 가져 보자! 비록 나와 비슷한 성향의 사람들은 예전이나 혹은 지금 생각처럼 잘 지내지 못했을지도 모른다. 하지만 우리는 여전히 노력하고, 견지하며 강인한 마음으로 포기하지 않은 자신에게 감사해야 한다.

청춘에는 어려움도 고통도 겪어 봐야 한다. 뼈저린 추위를 겪어 보지 않은 매화가 어찌 짙은 향기를 낼 수 있겠는가. 설령 수차례 실패하더라도 마지막엔 가시밭길 끝에서 성공이 당신을 기다리고 있을 것이다. 처음부터 당신을 지지했던 이도, 반대했던 이도 모두가 약속이나 한 듯이 당신을 자랑스럽게 여길 것이다.

기회가 없었던 게 아니라
노력이 부족해서다

외로움은
수행의 필수

우리는 종종 마음에 드는 상대는 내게 관심이 없고 그저 그런 상대가 오히려 호감을 보이는 경우를 겪곤 한다. 두 사람의 마음이 통하는 건 왜 이리 어려울까?

그렇다 보니 누구는 먼 산을, 누구는 땅을 보고 한숨을 내쉬며 '주선자'들을 탓한다. 어째서 서로의 마음은 늘 다른 곳을 향하는 걸까?

아마 주선자들도 어쩔 도리가 없으니 꽤나 답답할 테다. 각양각색의 희극과 비극의 드라마도 바로 이런 이유로 탄생한다. 도대체 도시 남녀들의 이런 마음을 조종하는 것은 누구일까? 주선자들 역시 완벽한 답을 내놓기란 쉽지 않다. 그렇다고 해서 무조건 주선자들에게 책임을 떠넘길 수는 없다. 그들도 어쩔 수 없었을 테니 말이다.

요컨대 상대방이 당신에게 관심이 없다면 어떻게 해야 할까?

첫째, 진심을 다해 상대를 감동시킨다면 마음을 얻을 수 있을 것이다. 또는 마음을 비우고 상대방의 행복을 빌어줄 수도 있다. 물론 상대가 당신에게 마음을 주고 안 주고는 당신의 결정과 무관하다.

둘째, 누구나 더 훌륭한 사람과 함께하기를 원한다. 당신은 노력을 통해 그런 훌륭한 사람이 될 수 있다.

남들과 다른 아우라를 지닌 유명 스타나 위인들은 늘 수많은 팬들에게 큰 사랑을 받는다. 반면 평범한 인생을 꿈꾸는 당신을 변치 않고 바라볼 사람은 오직 배우자뿐이다.

같은 사람임에도 이렇게 큰 차이가 존재하는 이유는 무엇일까? 미남 미녀가 아니기 때문일까? 아니다. 그럼 인품 탓일까? 그 역시 아니다. 그렇다면 무슨 이유 때문일까? 나는 '기회'의 차이라고 생각한다.

한 작은 마을에 마샤오룽이란 사람이 살았다. 미남형의 얼굴에 성격마저 호탕해 부근에서는 꽤 유명했다. 다만 스물도 안 된 나이에 떠밀리다시피 장가를 가 평범하기 그지없는 삶을 살고 있는 것이 애석할 따름이었다.

몇 년 후 그 마을을 지나던 한 작가가 마샤오룽의 이야기를 듣고는 그의 과거 사진을 보게 되었다. 사진을 본 작가는 만약 마샤오룽이 홍콩이나 타이베이와 같은 대도시에서 태어났다면 기획사의 눈에 들어 대형 스타가 되었을지도 모른다고 생각하니 지나버린 세월만큼 까칠해진 그의 외모가 너무나 아쉬웠다.

작가는 안타까운 나머지 마샤오룽에게 말했다. "아직 나이가 어리니 조금만 꾸미고 가꿔 예전 모습을 회복한다면 내가 오디션을 볼 수 있도록 힘써 보겠네. '중국의 떠오르는 스타가 될지 누가 알겠나!'

누가 알았으랴, 마샤오룽이 고개를 저을 줄. 마샤오룽은 탄식하며 말했다. "말도 안 돼요. 이렇게 평범한 제가 어떻게 무대에 올라 좌중을 압도할 수 있겠어요."

결국 이런 생각으로 말미암아 마샤오룽은 평범하기 그지없는 미래를 살게 되었다.

우리 주변의 '마샤오룽'과 같은 미남 미녀들은 어째서 '남신' '여신'이 아닌 평범한 삶을 살고 있는 것일까? 조금만 유심히 살펴보면 그들이 단 한 번도 스타가 되길 꿈꾼 적이 없다는 사실을 알 수 있을 것이다. 그렇기에 그들은 '화려한 변신'을 할 기회를 놓쳐 버리고 흐르는 세월과 함께 아름다움마저 흘려보낸다.

물론 다른 것은 등한시한 채 얼굴만 믿고 사는 것은 장기적인 플랜이 될 수 없다. 돋보이는 외모는 남들보다 좀 더 많은 기회를 접할 수 있게 하는 도약판 같은 존재일 뿐이다. 그 전제로 얻은 기회를 잡고 안 잡고는 당신의 재능에 달려 있다.

다른 이의 마음을 빼앗고 싶다면 자신을 변화시켜 남들을 매료시킬 무언가를 갖춰야 한다. 다만 다른 사람에게 보였던 관심은 순간의 호의였다고 변명하고 '사랑은 변하는 거야'라며 당신에게 다가오는 사람이라면 경계해야 한다. 이런 부류의 사람들은 금세 사랑에 빠지므로 조심하지 않으면 깊은 상처만 받을 수도 있다.

운이 좋은 사람을
배우자

한 회사에 근무하는 두 사람이 있다. 그중 한 사람은 회사 대표의 사랑을 독차지하는 반면 다른 한 사람은 무시당하기 일쑤다. 만약 당신이 후자라면 이런 차별 대우가 존재하는 회사에서 계속 일할 수 있을까? 전자를 조금만 세심히 들여다보면 대표가 차별하는 원인을 쉽게 찾을 수 있다.

첫째, 대표가 찾는 인재상이다. 회사에서는 한 명을 뽑을 계획이었어도 두 사람의 우열을 가릴 수 없을 경우 그 둘을 모두 채용하기도 한다. 그리고 업무 처리 과정을 관찰하면서 누가 더 적합한지를 판단한다. 그러므로 대표는 그중 한 사람을 '차별'할 수밖에 없다.

둘째, 외모가 훌륭하면 대표에게 더 후한 점수를 얻곤 한다. 외모가 떨어지면 직장에서 손해를 보는 것이 현실이다. 그렇지만 '세상에 못생긴 사람은 없다. 단지 꾸밀 줄 모르는 사람만 있을 뿐이다.'란 말이 있지 않은가. 외모를 가꿔 대표에게 새로운 모습을 보여줄 수도 있다. 단 제 아무리 태생부터 미모가 남다르다 한들 심성이 곱지 않다면 언젠가는 사표를 내야 할 수도 있다는 사실을 명심해야 한다.

앞서 우리가 말한 바와 같이 외모는 단지 여러 장점 가운데 하나일 뿐, 당신의 장기적인 미래를 결정짓는 가장 중요한 요소는 내재된 가치다. 회사의 대표들은 패기 있는 사람들을 좋아하는데 더불어 능력까지 겸비한 인재라면 더할 나위 없다.

린 대표의 회사에 지원한 린팡샹이란 친구는 젊은 나이에도 실적이 뛰어나 업계에서 꽤 유명한 인물이었다. 그의 이력서를 본 린 대표는 키워볼 만한 재목이라 평가하고 비서를 통해 면접 일정을 잡도록 했다.

린 대표는 그와의 첫 만남에서 수줍은 모습과 함께 선량한 심성을 볼 수 있었고, 더불어 저속하지 않은 언변에서 역시 큰일을 해 낼 사람임을 알아보았다. 특히 그의 출중한 외모는 린 대표의 시선을 사로잡았다.

린 대표는 상당히 좋은 대우를 약속하고도 혹여 그가 다른 회사로 가버리지는 않을까 조바심을 내기까지 했다.

입사 이후 그는 린 대표의 따뜻한 관심 속에 자신의 능력과 재능을 십분 발휘했고, 입사 동기들은 그런 그를 보며 자신의 처지를 한탄할 수밖에 없었다.

우리는 차별 대우를 하는 회사 대표를 원망하다가도 나와 비교할 수 없는 능력을 갖춘 상대를 보고는 곧 현실을 받아들인다.

드라마 〈신조협려〉의 공손녹악은 양과를 끔찍이도 사랑했다. 공손녹악은 양과를 좋아하는 미모의 두 여인이 나타날 때까지만 해도 자신이 양과와 썩 잘 어울린다고 생각했다. 그런데 양과의 마음을 사로잡은 여인은 그 두 여인이 아닌 소용녀였다. 그러나 공손녹악은 양과가 늘 그리워하는 소용녀의 남다른 자태를 직접 보고 난 후 자신의 부족함을 인정하고 순순히 물러나 더 이상 양과를 마음에 두지 않았다.

뛰어나야만 다른 이들의 총애를 받을 기회가 많아지는 것이다.

셋째, 장기적인 안목으로 다른 이를 배려하면 총애를 받을 수 있다.

당초 왕소군은 '궁중 사람들은 모르는' 그런 인물이었다. 흉노족의 선우 호한야가 화친을 요구하자 한원제는 어떤 공주를 출가시켜야 할지 몰라 고민하고 있었다. 이때 왕소군은 자신이 가겠다고 청하며 원제의 고민을 해결해주고 공주로 봉해져 변방으로 떠났다.

이런 독보적인 '안목'으로 왕소군은 흉노에게 순조롭게 시집갈 수 있었고 훗날 최고의 '명기'로 후세에 이름을 남겼다.

넷째, 평판이 좋다. 사람들은 평판이 좋은 사람에게 호감을 갖고 그 사람을 더욱 총애하기 마련이다. 비도덕적인 사람을 좋아하는 사람은 극히 드물다. 평판이 좋은 사람에게 더욱 적극적으로 다가가 역전의 기회를 주고 싶은 게 사람 마음이다.

다섯째, 중책을 맡는다면 그것은 충성심 덕분이다.

'능력보단 책임감!' 이란 말이 있다. 설령 아주 훌륭한 인재일지라도 다른 데 정신이 팔려 지금의 일을 다른 부서나 업무로 옮기기 위한 도약판쯤으로 여긴다면 상대도 결코 당신을 인정하지 않을 것이다.

여섯, 오해는 즉시 풀어 자신을 다시 보게 한다.

처음에는 따뜻했던 상대가 돌연 차갑게 변했다면 분명 무슨 문제가 생긴 것이다. 그렇다면 당장 문제를 찾아 해결해야 한다. 어느 누구도 풀어낼 노력을 기울이지 않는다면 서로의 간극은 점점 더 커지고, 다시 의기투합할 가능성은 더욱 희박해진다.

사람들은 대개 호감이 가는 사람에게만 기회를 준다. 특히 명망이 자자하고 인내심이 있는 사람일수록 쉽게 마음을 내주지 않는다.

누구에게나 호감형인 사람이 있다면 그의 특징을 분명히 파악하고 그런 사람이 되도록 노력해야 한다. 그래야만 좋은 평판을 얻고 기울인 노력보다 더 큰 성과를 얻을 수 있다.

모두가 외면해도
나는 나를 응원한다

많은 이들이 알 수 없는 미래 앞에서 방황하느라 시간을 허비한다.

하지만 어떤 이들은 자신의 재능을 알아봐준 백락(춘추시대 진나라 사람으로 훌륭한 말을 잘 가려냄. 인재를 발굴하는 능력이 있는 사람이라는 뜻으로 쓰인다)을 만나 남들과는 다른 인생을 펼칠 기회를 얻기도 한다.

우리는 젊은 나이에 성공을 거둔 사람들을 두고 단지 운이 좋았다고 말하곤 하는데, 그들의 앞날이 지금처럼 순조로울지는 지켜봐야 할 일이다.

젊은 독자층의 인기에 힘입어 영향력을 발휘하고 있는 한 잡지사는 '빠링허우(80년대생_역주)'와 '지우링허우(90년대생_역주)' 작가들을 다수 배출해 냈다. 특히 역량 있는 젊은 작가들이 해당 잡지사가 주관한 문예대회에서의 수상을 발판으로 베이징대학, 푸단대학 등에 속속 입학하면서 확 달라진 인생의 2막을 시작했다.

실력 있는 젊은 작가들이 문예대회를 통해 대거 등단했지만, 지금까지 꾸준한 활동을 하는 작가가 있는 반면 몇 작품 선보이곤 소리 없이 자취를 감춘 작가들도 적지 않다.

백락을 만난 누군가는 모두의 부러움의 대상으로 떠오른다. 밀어주고 당겨줄 든든한 지원군이 생겼으니 그 미래가 얼마나 아름답겠는가.

하지만 안타깝게도 그중 일부는 백락을 너무 빨리 만난 탓에 세월이 흐르면서 한때는 전도양양했던 미래에 먹구름이 끼기도 한다.

그럼 어떻게 하면 우리의 앞날을 밝혀줄 백락을 만날 수 있을까?

첫째, 재능과 학식을 겸비해야 한다. '무능한' 인간을 키워보고 싶은 사람은 드물기 때문이다.

둘째, 백락에게 인정받도록 노력하되, 진정성과 겸손함을 잊어서는 안 된다.

셋째, 스스로를 홍보해야 한다. 백락을 만날 기회를 놓쳤다면 적극적으로 자신을 알려야 한다. '백락이 어디에나 있는 것은 아니다.' 그럼에도 마냥 앉아서 기다렸다가는 당신의 원대한 포부가 물거품이 될 것이다.

한 학급에서 반장이 전학을 가면서 새 반장을 뽑게 되었다. 조용한 순간에 휘밍파가 벌떡 일어나서 말했다. "저는 저를 뽑겠습니다!"

담임선생님은 그의 행동에 몹시 신기해하며 물었다. "왜 너를 뽑으려는 거지?"

휘밍파는 말했다. "저는 반장처럼 일하는 것을 좋아하고 우리 반 학우들을 사랑합니다. 공부도 더 열심히 할 것입니다. 앞으로 우리 반에 활기를 불어넣어 가장 우수한 학급으로 만들고 싶습니다."

담임은 고개를 끄덕이며 말했다. "아주 훌륭하구나. 너야말로 내가 바라던 새로운 반장이야!"

이렇듯 스스로 용감하게 자신을 홍보해야 기회를 잡을 수 있다. 다만 나 자신을 지나치게 추켜세워서는 안 된다.

과거 웹 스타로 떠올랐던 한 여성은 허세를 부리며 말했다. "아홉 살 무렵부터 많은 책을 두루 읽기 시작해서 스무 살에는 정점을 찍었습니다. 앞으로 백 년간 저처럼 머리가 좋은 사람은 나오지 않을 것입니다." 하지만 이런 허풍은 다른 이들에게 반면교사가 될 뿐이다.

'허풍으로 얻은 명성'은 결국 세간의 멸시와 조롱만 야기한다. 다른 사람의 인정을 받으려면 '명실상부'한 능력을 갖춰야 한다.

빠링허우를 대표하는 한 작가가 말했다. "과거에도 저는 이 잡지를 통해 등단하고 싶었습니다. 하지만 매번 좌절되었죠....... 이 잡지사에서 일하기를 간절히 원했지만 어느 누구도 제게 관심을 보이지 않았습니다......."

그는 비록 그 잡지사가 주최한 문예대회에서는 입상하지 못했지만, 여러 해를 거치며 꾸준히 노력한 결과 자신의 목표를 이룰 수 있었다.

어쩌면 당신은 제때에 능력을 발휘하지도 못하고, 눈여겨봐줄 백락도 만나지 못한 그를 안쓰러운 시선으로 볼지도 모르겠다. 하지만 술맛만 좋으면 후미진 골목 어귀에 있는 술집이라도 사람들이 찾아가기 마련이라고 한다. 충분한 능력을 갖췄다면 그 당시 백락을 만나지 못한 게 뭐가 그리 큰 문제겠는가?

설령 지금 나를 필요로 하는 곳이 없다 해도 상심하지 않아도 된다. 임신부의 배가 부르면 아기가 태어나듯, 때가 되면 자연스레 누군가의 눈에 띌 테니 말이다. 당신이 정말로 황금과 같은 존재라면 어디에 있더라도 빛날 것이다. 다만 그 시기가 조금 이르고 늦고의 차이만 존재할 뿐이다.

모든 사람이 백락을 만나 장밋빛 미래를 펼치길 소망하지만 천리마는 널려있어도 백락은 널려있지 않은 법이다. 백락을 찾으려면 진실한 마음가짐으로 적극 나서야 한다. 절대 허풍만 떤다고 될 일이 아니다.

만약 당신에게 가능성이 있다면 백락이 힘을 보탤 것이다.

왜 주변에는 온통
나를 괴롭히는 사람들뿐일까

우리 주변에는 아무리 노력해도 환영받지 못하는 사람들이 꼭 있다. 회사에선 상사의 구박데기이자 동료들의 놀림거리이고 집에 돌아오면 아내의 잔소리 대상이다.

정말이지 즐거울 수 없는 인생이다. 그는 어쩌다 이런 동네북이 된 걸까? 그는 과연 이런 인생을 원했을까?

물론 아니다. 그 역시 모두에게 인정받고 싶을 것이다. 단지 그럴 가능성이 없어 늘 멸시와 조롱 속에 살고 있을 뿐이다.

"거기, 커피 한 잔 가져와!"라는 말이 떨어지면 그는 주저 없이 커피를 대령한다.

혹여 상대가 고의로 "내가 평소에 설탕 안 넣는 것도 몰라? 이 커피는 왜 이렇게 단 거야? 다시 가져와!"라고 말하면 그는 어쩌지 못한 채 다시 커피를 탈 것이다.

마치 영화에서 큰형에게 괴롭힘을 당한 둘째가 굽신거리듯 말이다.

누군가에게 고의적인 괴롭힘을 당하는 것은 매우 고통스러운 일이다. 그것은 그 누군가가 당신에게 자신의 심적 고통을 전가하거나 당신을 내쫓고 싶은 마음에 당신 스스로 짐을 싸도록 유도하는 것이다.

물론 또 다른 가능성도 배제할 수는 없다. 바로 당신의 잠재력이 어느 정도인가를 시험해 보려는 경우다. 그 과정을 통해 당신에게 중책을 맡길지 여부를 결정하기도 한다. 이도 저도 아니라면 단지 당신이 탐탁지 않은 것이다.

우리는 이런 수모들을 가슴 속에 꾹꾹 눌러 담고 산다.

'뜻대로 안 되는 게 사회생활이다' 라고들 하지만, 우리가 능력자가 된다면 그 누구도 우리를 무시할 수 없을 것이다. 또한 사람들 대부분은 자신보다 약한 자를 괴롭힌다. 그러므로 나약한 우리는 강자 앞에서 더 영민하게 대응할 필요가 있다. 약자가 강자에게 치이는 것은 아주 자연스러운 현상이므로 우리는 어서 환골탈태해야 한다.

어린 시절 딩페이는 친구 양광에게 늘 얻어터지고 놀림 당했다. 그러나 세월이 흘러 딩페이가 지체 높은 사장이 되자, 하루 벌이로 생계를 이어가는 양광은 딩페이에게 지나칠 만큼 깍듯해졌다.

누군가가 당신을 괴롭히는 이유는 당신을 무시하거나, 군기를 잡거나, 혹은 당신에게 오랜 기억을 남겨주기 위해서다. 아직은 그저 그런 우리가 괴롭힘을 당하는 것은 아주 당연하다. 어서 돌파구를 찾아야 한다. 언젠가 당신도 누군가를 '괴롭힐지' 모른다. 그때가 되면 '아, 이런 이유로 괴롭힘을 당했구나' 하고 뼛속 깊이 느낄 수 있을 것이다.

업무 능력도 부족한데다가 행동거지마저 비호감인 당신이라면 고의든 아니든 괴롭힘을 피하기 어려울 것이다. 그렇다면 당신은 반드시 이를 악물고 강해져야 한다. 그래야만 그간 숙여왔던 고개를 들고 당당하고 멋지게 업무 지시를 할 그날을 맞이할 수 있을 것이다.

기회가 없었던 게 아니라
노력이 부족해서다

어떤 이는 쥐꼬리만큼의 노력도 기울이지 않고서 꿈을 이루지만, 어떤 이는 젖 먹던 힘까지 다했음에도 참혹한 결과를 얻는다.

알다가도 모르는 게 바로 우리네 현실이다. 그래서 누구는 탄탄대로를 걷지만 또 누구는 매사 난관에 부딪힌다. 기회는 균등하다고 하지 않았는가. 근데 왜 우리에게 주어지는 기회는 늘 성공한 이들보다 적은 느낌을 지울 수 없을까?

기회를 잡은 사람은 그 기회를 발판삼아 성공을 거머쥐고 '사람 위의 사람'이 된다. 반면 기회를 놓친 사람은 영원히 평범한 삶을 살 공산이 크다.

저속한 삶을 살고 싶은 사람은 없다. 누구나 스포트라이트를 받으며 세상의 인정을 받기를 원한다. 만약 누군가에게서 기회를 얻고 싶다면 그의 성공담을 경청하고 실천에 옮겨야 한다. 그러지 않으면 당신과 그들 간의 거리는 점점 더 벌어질 것이다.

대부분 새로운 QQ그룹에 가입해본 경험이 있을 것이다. 알다시피 우리는 새로운 QQ그룹에 가입하면 해당 그룹 리더의 지시에 따라야 한다. 예컨대 정해진 룰에 따라 프로필도 바꾸고, 그룹 내에서 사용 가능한 말이나 업로드가 가능한 사진에 대한 룰 등을 숙지해야 한다. 만약 그 룰을 지키지 않는다면 가차 없이 '강제 퇴장' 당하고 만다.

왜 그룹 리더는 우리의 기회나 자원을 제멋대로 '박탈' 할 수 있는 걸까? 그 이유는 아래와 같다.

첫째, 당신에 대해 불만을 토로하는 사람이 많다면 리더는 당신과 일하길 꺼려 할 것이다. 설령 업무 초창기에는 일을 그럭저럭 진행했을지라도 이견이라도 생기면 상대는 점점 당신에게 불만을 표시할 것이다. 그런 상대가 차기 업무에서 당신을 파트너로 지목할 확률은 거의 제로에 가깝다.

마야준은 한 업체와 공동프로젝트를 진행하게 되었다. 처음에는 우려와 달리 순조롭게 출발했다. 하지만 얼마 되지 않아 보수 문제로 다툼이 생겼다. 일이 마무리되고 업체와 웃는 얼굴로 '다음' 을 기약했지만 더 이상 '다음' 은 없었다.

둘째, 아무런 가치가 없는 당신이라면 누군가의 지원을 받을 리 만무하다. 아무런 보상도 바라지 않고 당신을 도울 사람이 몇이나 되겠는가? 이것이 바로 인간의 본성이다.

당신의 노력 여하와 별개로 리더의 눈에 희망의 빛이 반짝여야만 한다. 그렇지 않다면 그들은 조금도 주저하지 않고 당신에게 작별을 고할 것이다. 어떤 이들은 입신양명을 위해 대가를 찾아가 제자가 되길 청한다. 그 대가들은 수많은 제자 중에 옥석을 가리게 된다. 그리고 그 과정에서 도태된 자들은 결국 '하산' 할 수밖에 없다.

만약 당신에게 남다른 재능이 있다면 최선을 다해 드러내야 한다. 감춰진 재능은 스쳐가는 기회를 잡기에는 역부족이다.

셋째, 기회를 얻고 싶다면 리더의 요구를 수용해야 한다. 제아무리 탁월한 능력자라 해도 자신의 요구를 수용하지 않는 자에게 기회를 줄 사람은 전무하며, 오히려 그 세계에서 외면당하기 십상이다.

두 작품이 있었다. 하나는 스타 작가의 작품이었고, 다른 하나는 신예 작가의 작품이었다. 출판사의 편집장이 스타 작가의 작품을 선택하자, 신예 작가가 물었다. "왜 그 작가를 선택하시나요? 제 작품의 퀄리티가 훨씬 높잖아요!" 그러자 그 편집장은 퉁명스럽게 말했다. "스타 작가잖아요! 누가 신예 작가의 작품을 선택하겠어요?"

신예 작가는 매우 화가 났지만 어쩔 도리가 없었다. 하지만 그 일을 계기로 더욱 투지를 불태운 결과 유명 출판사의 인기 작가가 되었다. 그러고는 당시 자신의 작품을 거절했던 출판사는 거들떠보지도 않았다.

비루했던 시절 우리에게 기회를 주지 않고 수모만 준 사람들 때문에 생긴 '분노'를 '투지'로 변모시킨다면 언젠가 그들 앞에 위풍당당하게 설 수 있는 날이 올 것이다.

능력을 갖출수록 이유 없는 수모를 겪지 않게 된다. 그리고 성공을 거머쥔 그날, 자신 있게 '나는 혼자만의 힘으로 성공했소'라고 외칠 수 있을 것이다.

결국 최선을 다한 자는 반드시 성공하게 되어 있다.

성공으로 향하는 길에서는 각양각색의 사람을 만나기도 하고 숱한 암초들 탓에 수없이 좌절하기도 한다. 그래도 운이 좋은 사람이라면 '승천'의 기회를 붙잡을 것이다.

사실 대부분이 그런 도약의 기회를 잡지 못해 평범한 인생을 살아간다.

기회란 평등하다지만 늘 주변의 인정을 받지 못한다면 기회 역시 그리 공정하게 돌아오지 않을 것이다.

최선을 다해 모든 정력을 쏟아 부어야만 당신을 멸시하고 냉대했던 사람들을 땅을 치고 후회하게 만들 수 있다.

지금의 삶에
안주하지 말라

적지 않은 사람들이 현재에 만족하지 못하지만 그렇다고 해도 어쩔 도
리가 없으니 '되는 대로' 살아간다.

그렇다고 해서 그들은 원하는 일이 없고, 성공하는 멋진 삶을 소망하지
않는다고 생각하는 것은 오산이다. 다만 냉혹한 현실 속에서 하루하루 더
해지는 고달픈 삶의 무게에 짓눌려 '익숙한 무력감'만을 느끼며 살아가
는 것이다.

과거 한 연구자는 이런 실험을 했다.

한 어항에 상어 한 마리와 열대어 한 무리를 넣고 강화유리로 두 그룹을
분리했다. 그러자 상어는 탐스러운 열대어를 먹기 위해 죽을힘을 다해 옆
칸으로 넘어가려 했지만 번번이 유리에 가로막혀 실패했다.

기운이 빠진 상어는 본래 있던 구석에 틀어박혀 더 이상 움직이지 않았

다. 이때 실험자가 유리를 치웠다. 그런데도 상어는 여전히 꼼짝도 하지 않았다. 얼마나 먹고 싶었던 열대어였던가. 안타깝게도 상어는 영원히 그곳으로 갈 수 없다고 여겼던 것이다.

우리는 반복되는 실패로 절망하고 자신감을 잃으면서 '무력감'이란 걸 알게 된다.

점점 기준을 낮추기 시작한다. '굶어 죽지 않으면 됐지, 무슨 큰 집을 사고 차를 몰겠어.......'

대부분의 사람이 이렇게 생각한다. 현실에 맞춰 살다보니 자신의 능력으론 도저히 눈앞의 난관을 헤쳐 갈 수 없을 거라 단정하고 만다. 그렇지 않다면 어느 누가 그저 그런 삶을 살고자 하겠는가?

대학을 졸업한 량바오창은 이젠 부모님의 그늘에서 벗어나겠다고 마음먹고 베이징에서의 새로운 인생을 시작했다.

처음 베이징에 입성했을 당시만 해도 그는 부푼 꿈을 안고 있었다. 시내 중심가에 있는 직장에 취직해 부모님의 체면도 세워드리고 탁 트인 멋진 집에서의 낭만적인 생활이 가능하리라고 믿었다. 하지만 그는 너무 순진했다. 실무 경험이라고는 전무한 애송이를 채용할 회사가 어디 그리 많겠는가.

현실을 파악할 새도 없이 가까스로 신입 사원으로 채용된 그는 회사 기숙사에서 생활하게 되었다.

눈 뜨자마자 업무가 시작되고 늦은 저녁이 되어서야 습하고 어두운 지하실의 직원 기숙사로 돌아가는 생활이 반복되었다.

지하실에서 살아본 적 없는 량바오창에게는 천둥소리 같은 동료들의 코골이부터 잠꼬대, 지저분한 동료까지 정말이지 참기 힘든 생활이었다.

막 입사한 량바오창은 하루빨리 이 회사를 관두고 싶은 마음뿐이었다. 반년의 경력을 쌓은 량바오창은 다시 새로운 직장을 찾았다.

새 직장은 보수는 더 높았지만 기숙사는 제공하지 않았다. 량바오창은 드디어 자유롭게 살 수 있을 거라 생각했다. 하지만 곧 그가 원하는 방의 월세가 월급보다 한참 비싸다는 사실에 또 한 번 현실의 벽을 체감했다.

그는 이어지는 절망 속에 어쩔 수 없이 다른 사람과 함께 사는 방법을 택했다.

다시 일이 년이 흐른 후 얼마간의 돈을 모은 량바오창은 새 직장도 찾고 조금 큰 방을 얻으면서 적지 않은 돈을 지출했다.

늦은 밤까지 바쁜 하루를 살다보니 평생 번 돈은 모두 집세로 나가겠다는 생각이 들었다. 그러다 문득 누군가 베이징에 집 한 칸 마련해준다면 얼마나 좋을까란 생각도 해봤다. 물론 어림없는 소리인 줄은 잘 알고 있다. 그가 평생을 일한다 할지라도 베이징에서 집 한 칸 마련하기란 언감생심 꿈도 꿀 수 없다. 그렇다고 또 마련해본들 뭐가 달라질까 싶기도 하다. 오늘은 여기, 내일은 저기를 떠도는 삶은 어떨까도 생각해 본다.

이후 몇 해가 더 흐르자 량바오창은 이제는 그만 정착하고 싶었다. 그러나 현실은 녹록치 않았다. 정착하는 삶을 택한다면 현실은 그를 하우스 푸어, 메디컬 푸어로 전락시킬 게 불 보듯 뻔했다. 그는 정말 막막하기만 하다.

점점 바쁘게 돌아가는 일상은 더 이상 '거스를 수 없는' 큰 물살이 되어 그를 덮쳤다.

그는 뭔가 획기적인 변화를 꿈꾸다가도 보이지 않는 성공 앞에서 그저 그런 현실 속에 살게 된다.

이런 절망감은 겪어보지 않은 사람이라면 절대로 알 수 없다. '사람은 높은 곳을 향하고, 물은 낮은 곳으로 흐른다'고 했다. 우리는 반복되는 매일에 안주하면서 사소한 일들로 찌푸린 채 살아선 안 된다.

계속해서 더 높은 곳을 향해 달려야만 목표에 도달한 그날 비로소 변화를 이끌어낼 수 있다. 결과가 어떻든 최선의 노력을 기울여야만 훗날 후회하지 않을 수 있다. 주어진 삶에 안주한다면 이번 생은 아마도 삶의 여유와는 동 떨어진 채 누군가의 휘하에서 쉴 새 없이 바쁜 나날만을 보내다 끝날는지도 모른다.

PART 2

당신은 왜 평범함에서
벗어날 수 없는가

당신은 왜 평범함에서
벗어날 수 없는가

사람들은 그저 그런 사람과 친구가 되길 원치 않으면서도 자신은 누구보다 눈에 띄는 존재이길 바란다. 하지만 세상엔 대단히 잘나가는 사람이 있는 반면 지극히 평범한 사람들도 있다.

우리는 분명 보다 나은 삶을 살고자 최선을 다하고 있는데 왜 아직도 평범한 삶을 살고 있는 것일까?

'근주자적, 근묵자흑' 이란 말이 있다. 주변의 사람들과 비슷하게 변한다는 의미다. 만약 우리 주변이 평범한 사람들 일색이라면 우리에게는 '평범' 하게 사는 것이 정도(正道)다. 그래서 진취적인 태도로 주변 환경을 극복하고자 노력하지 않은 채 그 안에서 나름의 행복을 누리며 사는 것이다.

평범한 것은 원대한 포부가 없기 때문이다. 큰 이상을 가진 사람일수록 평범함을 벗어나고픈 욕망이 강해지기 때문이다.

평범한 것은 또 끈기가 없음을 의미한다. 무엇이든 끝을 봐야 성공이란 열매를 얻을 수 있는 법이다. 중도 포기란 실패와 같은 말이다. 일단 실패하면 다시 평범한 사람들 곁으로 돌아가야 한다.

어느 날 허터휘 노인은 손자를 불러 세워 말했다. "마을에서 일등이 되겠다는 마음가짐이 필요해! 그리고 스무 살에 외지로 나가 열심히 일하면 흙수저 운명에서 벗어날 수 있단다. 서른이 되면 자기 사업도 할 수 있지. 마흔이 되었을 땐 가정도 꾸렸을 테니 두 마리 토끼를 다 잡은 게 아니겠니. 쉰에는 걱정 없이 지내고, 예순에는 극진한 대접도 받고, 그때는 세상 부러울 것 없는 사람이 될 터이니 얼마나 좋겠니!"

그의 말을 들은 손자의 질문은 다소 엉뚱했다. "할아버지, 근데 왜 할아버지는 아직도 힘들게 사시는 거예요?"

평범하게 사는 건 잘못된 길로 들어섰기 때문이다. 어떤 길은 끝에 가서야 잘못된 길임을 알게 된다. 만약 막다른 골목에 들어섰다면 새로운 길을 찾아 나서면 된다. 막다른 골목이라고 해서 꼭 절체절명의 위기가 아니라 다시금 주위를 둘러보며 새로운 희망을 찾을 수 있는 기회가 될는지도 모르니 말이다.

융통성이란 그만큼 중요하다.

평범하다는 건 돌파구를 찾으려는 노력을 기울이지 않았음을 의미하기도 한다. 만약 조금만 더 힘을 기울인다면 눈앞의 난관을 헤치고 완전히 또 다른 나를 만날는지도 모른다. 사람들은 생각이라는 틀 속에 자기 자신을 가둬놓곤 한다.

진심으로 평범한 일생만을 원하는 사람이 어디 있겠는가. 다만 살다보니 '어쩔 수 없이' 스스로를 가둘 수밖에 없었던 것이다. 평범한 삶을 벗어나 좀 더 가치 있는 삶을 찾아보는 건 어떨까.

인생이란 의미 있는
하루하루를 보내는 것이다

깊은 밤, 지난 시간 동안 가슴 속 목표를 위해 어떻게 노력했는지 자문해본 적이 있는가? 누구나 어릴 적에는 과학자, 문학가, 사상가, 정치가 등을 꿈꿨었고, 누구보다 자신만만한 목소리로 훌륭한 사람이 되어 사회에 이바지할 거라 호언장담했었다.

선생님도 말씀하셨다. 우리는 나라의 새싹이자, 인류의 미래라고.......

하지만 그리 자신만만했던 우리는 십 년, 이십 년이란 시간이 흐른 지금, 꿈과 현실의 괴리를 맛보고 있다.

어린 시절의 꿈은 점차 사라지고 반복된 일상을 살아간다.

당신은 지금과 같은 삶을 꿈꿨던가?

잠시 숨을 고른 당신은 어쩔 도리가 없었다는 듯 말할 것이다. "나도 이런 삶을 원치 않아요! 하지만 바꿀 수가 없어요......."

혹은 이렇게 말할 수도 있을 것이다. "난 아둥바둥 살고 싶지 않아요. 의미 있는 인생을 살고 싶으니까요."

그렇다면 당신은 지금 의미 있는 인생을 살고 있는가?

드라마 〈사병돌격(士兵突擊)〉의 쉬싼둬는 이런 말을 한다. "나는 멋진 삶을 살고 싶다. 멋진 삶이란 의미 있는 일을 하는 삶이다. 그러므로 의미 있는 일을 하는 삶이 바로 멋진 삶이다."

최선을 다하는 그의 인생 스토리는 당시 많은 이들의 심금을 울렸다. 우리도 그처럼 의미 있는 일들로 값진 인생을 꾸려나가야 할 것이다.

그렇다면 의미 있는 삶이란 과연 무엇일까?

하버드대학의 한 교수는 '자신이 좋아하는 일을 하며 시간을 낭비하지 않고, 편안한 가정을 꾸리고 사회적으로 인정받는 삶이야말로 의미 있는 삶이다.'라고 정의한 바 있다.

사람은 누구나 자신이 좋아하는 일을 할 때 최대한의 능력을 끌어낸다.

우리는 흘러간 시간은 돌아오지 않는다는 사실을 명심하고 1분 1초도 최선을 다해 늘그막에 눈물 흘리는 일이 없도록 해야 한다.

중국 역사상 유일한 여황제인 측천무후의 묘비에는 어떤 글귀도 없다. 모든 공과 과 그리고 시시비비에 대한 평가를 모두 후대에게 미뤄두었기 때문이다.

　우리는 이번 생을 허투루 보내기도 원치 않지만 그렇다고 해서 자신의
이름을 억지로 역사의 한 페이지에 넣는 것도 원치 않는다.
　마치 큰 공도 없으면서 스스로 웅장한 기념관을 만들고 더 나아가서는
'공전(空前)의' 라는 단어로 자화자찬하는 사람들처럼 말이다.
　강산이 변할 때마다 인물이 나타난다고 했다. 우리가 해야 할 일은 인생
을 허비하지 않고 의미 있는 삶을 살아가는 것이다.

능력이 있어야
영향력을 발휘할 수 있다

누구나 다른 이들의 눈에 비친 내 모습이 어떨지, 다른 이들이 오랜 시간 후에도 과연 나를 기억할지에 대해 한 번씩은 고민해봤을 것이다.

사람마다 기억력은 다른 만큼 누군가 우리를 언제쯤 기억에서 지울지는 알 수 없는 일이다.

금세 잊는 사람도 있을 테고 가슴이 뛰며 시도 때도 없이 우리를 생각하는 이도 있을 것이다. 그중 극히 일부는 평생 우리를 그리워할 수도 있다.

당신은 누군가 당신을 기억하는 시간을 결정할 수 있는가? 당신이 정한 시간이 하루라면 하루를 기억하고, 평생이라면 평생을 기억할까?

물고기의 기억은 고작 7초라고 한다. 7초가 지나면 조금 전의 일은 까맣게 잊고 다시 새로운 세상이 시작되는 것이다.

사람은 어떨까? 아무런 관심 없이 며칠 새에도 초면인지 구면인지 기억하지 못하는 사람이 있는가 하면 한 번 보고는 또다시 만나길 고대하는 사람도 있다.

펑이가 한 모임에 참석했을 때의 일이다. 한 여성이 놀란 듯 큰 소리로 그를 불렀다. "펑이, 당신이군요! 이게 얼마만이에요. 잘 지내시죠?"

펑이는 조심스럽게 살펴봤지만 그녀와 어떤 사이였는지 도무지 생각나지 않아 어쩔 수 없이 물었다. "저희가 구면인가요?"

그녀는 말했다. "그럼요! 얼마나 마음이 잘 맞았다고요. 세 달 전에 베니스 출장 때 산마르코광장에서 제가 기념사진 좀 찍어달라고 부탁했었는데. 기억 안 나세요?"

삼 개월 전 출장 당시의 기억을 되짚어보니 분명 그때 만난 인연인 듯했다. 그는 만면에 미소를 머금고 말했다. "아, 당신이었군요! 정말 오랜만입니다. 잘 지내셨죠?"

사실 펑이는 정말 그녀와 만난 적이 있는지 여전히 미심쩍기만 했다.

사람이란 이렇다. 누군가를 기억하고, 누군가에게 기억되며 또 얼마만큼 기억될지는 모두 다르다. 기억하는 이유도 다 다르다.

당신은 다른 사람의 기억 속에 얼마나 머물고 싶은가? 여러 해가 지난후 당신도 모르는 사람들이 당신의 과거를 속속들이 알고 있을 수도 있다. 또 얼마나 많은 사람의 기억 속에 우리가 있을지, 또 그 기억이 얼마나 선명할지는 알 수 없다.

우리는 스스로의 영향력이 얼마나 유효할지도 알 수 없는지라 어떻게든 자신이 얼마나 잘난 사람인지를 주변 사람들에게 주입시키려 하지만 결국엔 외면당하고 만다.

다른 이들에게 더 잘하라고 강요할 수는 없지만 스스로에게는 엄격해져야 한다. 사람은 누구나 잘난 사람과 함께하길 원하고 아름다운 것을 기억 상자에 담고 싶어 하니까 말이다.

후회하지 않는
인생을 사는 방법

우리는 후회가 물밀 듯 밀려올 때야 비로소 무슨 약이든 다 있는 세상에 후회를 해결할 약만큼은 없음을 깨닫는다.

후회가 밀려오는 괴로움 속에서 시간을 되돌릴 수만 있다면 다시는 이런 일을 하지 않을 것이라 다짐하고 또 다짐한다. 하지만 이미 엎질러진 물은 주워 담을 수 없는 법. 현실을 받아들이고 지금 할 수 있는 일을 하며 앞날을 생각하자.

어쩌면 당신은 가난한 부모를 만나 앞날이 막막하기만 하다고, 혹은 인생 역전의 기회가 없었다고 아쉬워할는지도 모른다. 하지만 기회란 늘 준비된 자에게만 돌아가기 마련이다.

혹은 가장 사랑했던 사람을 떠나보낸 걸 후회하는가? 다시 되돌릴 수 없다면 그만 내려놓아야 한다. 이 또한 당신 삶에 또 다른 자양분이 될 것이다.

또는 바쁜 시간에 쫓겨 그간 하지 못한 많은 일들이 못내 아쉬운가? 하지만 시간이란 빨아들인 스펀지처럼 짜면 짤수록 생기기 마련이다.

양홍다는 시솽반나(윈난(云南)성에 있는 유명한 관광지의 하나_역주) 여행을 늘 꿈꿨지만 주경야독을 해야 하는 처지인지라 시간도 돈도 여유롭지 못했다.

그는 나중에 돈을 많이 벌면 멋진 여행을 해야겠다고 마음속으로 생각했다. 하지만 이제 막 사회생활을 시작한 그는 돈을 버느라 점점 피폐해졌고, 휴가를 내기조차 어려웠다. 그저 참고 또 참는 수밖에 없었다.

이후 양홍다는 성공적으로 프로젝트를 마친 후 받은 3만 위안의 인센티브로 마침내 시솽반나로 떠날 수 있었다.

국경절 연휴를 맞아 드디어 그는 꿈에 그리던 시솽반나로 향하는 기차에 몸을 실었다. 고색창연한 고상가옥, 하늘 높이 우뚝 솟은 망천수, 개비자나무 그리고 삼삼오오 무리를 이룬 원숭이와 어슬렁거리는 코끼리들. 더불어 태족 젊은이들의 환호성은 마치 대자연의 품안에 안긴 듯한 느낌마저 들게 했다.

그렇게 그는 자연이 선물하는 호사를 마음껏 누렸다.

베이징으로 돌아온 후 양홍다는 마치 다른 사람이라도 된 듯이 활력이 넘쳐흘렀다.

가장 아름다운 시절을 지나고 있는 많은 젊은이들은 여의치 않은 주머니 사정 탓에 추억을 만들 수 없어 안타까워한다.

세계 여행을 할 만한 돈이 있을 때는 이미 나이가 들어 거동마저 불편하기도 하다.

그렇다면 활력이 넘치는 이 청춘에 왜 자신이 하고 싶은 일들을 하지 못하는 것일까. 설령 경제적인 사정으로 당신의 꿈에 다가갈 수 없다 하더라도 기죽을 필요도 없고, 더불어 하루아침에 인생역전을 이루는 망상을 해서도 안 된다. 모두가 단지 당신의 노력이 부족했기 때문이니 말이다.

후회되는 일이 너무도 많거든 모두가 잠든 깊은 밤 잘 생각해보자. 그리고 모조리 꾹꾹 눌러 담아 치워버리자. 그래야만 비로소 문제를 이성적으로 판단해 적극적으로 해결하고 웃는 얼굴로 지나보낼 수 있다.

호기심을 갖자, 세상이 놀라운 선물을 안겨줄 것이다

우리는 만능이 되길 원한다. 하지만 안타깝게도 속수무책인 일들이 늘 존재한다. 나는 아직도 우리가 왜 세상에 왔는지, 왜 그 시간이 몇 년 더 빠르거나 혹은 더 늦지 않았는지 도무지 이해할 수가 없다.

어떤 날은 왜 저분이 우리 아버지이고 저분이 우리 어머니인지도 의문스럽기만 하다. 또 우리가 왜 당조나 한조 혹은 로마 시대에 태어나지 않고 꼭 지금 태어났는지도 의문스러운 것 중 하나다.

우리는 이런 부정확한 개념을 갖고 있다. 일단 우리가 발견하지 못한 개념은 이 세상에 없는 것이고, 발견한 순간 기존의 생각을 뒤엎는 이론이 된다.

여러 해 전까지 사람들은 케이프사자가 이미 멸종했다고 믿고 있었다. 그러나 시베리아에서 인공적으로 키운 케이프사자가 발견되었다. 영국인들은 검독수리, 수달, 붉은 다람쥐가 멸종했다고 여겼지만 이 종들은 밀림에서 다시 발견되었다. 영국인들은 하는 수 없이 "그 종들은 아직 존재합니다. 과거에 멸종되었다는 설은 잘못되었습니다."라고 말해야 했다.

주머니늑대, 아일랜드사슴, 유럽들소, 도도새 등도 멸종했다고 알려져 있지만, 이처럼 큰 지구의 울창한 삼림과 드넓은 바다 중에 인류의 족적이 닿지 못한 곳이 얼마나 많겠는가. 그런 미지의 땅에 그 동물들이 살지도 모를 일이다.

세상엔 아직도 수많은 '풀리지 않은 수수께끼'가 존재한다. 현재 우리가 알고 있는 것도 단지 추측에 불과하다. 기정사실화된 보도에 호기심을 갖고, 보지도 알지도 못하는 일을 비판적으로 보는 시각이 분명 필요하다.

한 무협소설에는 이런 이야기가 등장한다. 무림의 맹주 다오즈가 많은 사람들이 지켜보는 가운데 자살을 했다. 이때부터 강호에서는 다오즈라는 사람이 '존재하지 않는다'고 믿게 되었다. 이후 황당무계한 사건들이 일어났으나 어느 누구도 속 시원한 답을 내놓지 못했다. 그리고 갖가지 추측만 무성했다.

세상에는 많은 사람들이 있는 만큼 그들의 생각도 각양각색이다. 물론 보편적으로 동의하는 의견이 있기도 하다.

훗날 다오즈는 '부활'해 사람들의 눈앞에 나타나 모든 것이 자신이 계획한 일이고 모두가 속은 것이라고 말했다. 그제야 강호 사람들은 다오즈의 무덤이 비어있었고, 기막힌 일들이 모두 다오즈와 연관되어 있었다는 사실을 인지했다.

그렇게 무림의 사람들은 자신의 기존의 생각을 바꾸게 되었다.

분야마다 단계마다 우리가 영원히 간파할 수 없는 존재들이 산적해 있다.

지금 우리가 확신하는 '진리' 역시 미래에 뒤집힐지도 모른다.

아주 오래전 사람들은 다른 중량의 쇠구슬을 동시에 던지면 무거운 구슬이 먼저 떨어지고 가벼운 구슬이 늦게 떨어질 것이라고 믿었다. 그러나 이천 년 가까운 시간 동안 인류에게 영향을 미쳤던 이 학설은 1590년 갈릴레이가 '두 구슬은 동시에 떨어진다' 는 실험을 성공시키면서 뒤집히고 말았다.

살다보면 마치 꿈속에서나 나타날 법한 추측 불가능한 일들을 겪게 된다. 우리의 노력이 냉대를 받든 환대를 받든 늘 용감한 자세로 발견하고 탐구해야 할 것이다.

우선 작은 목표를 위해
노력하자

만약 인생을 선택할 수 있다면 당신은 어떤 인생을 택하겠는가?

아마 대부분이 대단한 부자 부모까지는 아니더라도 의식주만큼은 풍족한 안락한 가정에서 태어나는 것을 택할 것이다.

만약 인생을 선택할 수 있다면 과거의 우를 또 범할까? 당신이 좋아하는 상대가 당신을 좋아하게 될까? 또 남들이 부러워하는 일을 하면 돈 때문에 하루 종일 힘들어하며 살지 않아도 될까?

우리가 처한 현실은 '꿈꿔온' 삶이기는커녕 뜻대로 되지 않는 일들 투성이다. 그럴수록 자신이 그리는 삶을 잊지 말고 더욱 최선을 다해 노력해야 한다.

매사 남 탓만 하고 닿을 수 있는 먼 곳을 마음속으로만 응시하며 조금의 노력도 기울이지 않는다면, 결국 환상 속에서 허우적거리는 삶으로 전락할 것이다.

쑤하오촨은 한 여성을 보고 반했다. 하지만 그만의 짝사랑일 뿐 그녀는 그에게 따뜻한 눈길 한번 주지 않았다. 쑤하오촨은 최선을 다해 구애했지만 결국 그녀는 다른 이의 아내가 되었다. 감당할 수 없는 현실에 큰 상처를 받은 쑤하오촨은 절에 들어가 출가를 청했다.

주지스님은 말했다. "어제 제가 꿈을 꾸었습니다. 오늘 귀인이 오는데 그는 하늘에서 내려온 군자니 꽃같이 아름다운 분과 결혼할 것이라고 하더군요."

쑤하오촨은 그 말을 듣고는 더욱 침통해하며 말했다. "스님의 꿈과는 정반대예요! 그 사람은 귀인은커녕 지지리 복도 없는 사람입니다! 마음에 드는 아가씨와 결혼도 못 하고 이렇게 상처만 받았습니다. 보세요. 저에게는 더 이상 마음에 드는 연분을 만날 기회도 없어요."

주지스님은 말했다. "아닙니다. 아니에요. 다만 때가 되지 않았을 뿐입니다. 지금은 머리를 깎아드릴 수 없습니다. 부처님 말씀대로 당신은 반드시 마음에 맞는 연분을 만나셔야 합니다."

쑤하오촨은 말했다. "저도 사랑하는 아내를 맞이하고 싶습니다. 하지만 보시다시피 이젠 희망이 없는걸요."

주지스님은 다시금 설득했다. "부처님 말씀대로라면 당신에게는 또 다른 선택의 기회가 주어졌습니다. 돌아가면 분명 좋은 인연을 만나 행복한 가정을 꾸리실 수 있을 겁니다."

스님의 말씀이 사실일 거라 믿고 하산하던 쑤하오촨은 온화한 느낌의

한 여인을 만났다. 그는 이는 분명 부처님이 내린 은혜일 것이라 생각했다. 그래서 그녀에게 온 마음을 다해 구애했고, 역시 진실한 사랑을 찾고 있던 그녀는 쑤하오촨의 진심에 감동받아 그의 청혼을 받아들였다.

결혼 후 쑤하오촨은 눈앞의 아내가 바로 주지스님이 말씀하신 '꽃같이 아름다운 분'이라고 굳게 믿었다.

그런데 사실 그 여인은 단지 그곳에 놀러왔던 것이었다. 주지스님 역시 좋은 마음으로 상처받은 쑤하오촨을 위로해준 것일 뿐, 이런 심리적인 암시가 쑤하오촨의 삶을 몰라보게 달라지게 할 줄은 미처 생각하지 못했다.

때때로 뜻대로 되지 않는 일이 생기더라도 우리는 스스로를 다독일 줄 알아야 한다. 우리에게는 분명 새로운 기회가 찾아올 것이고, 우리는 자신이 원하는 삶을 선택할 수 있을 테니 말이다.

노력을 기울여야 할 목표가 있고, 끈기 있게 밀고 나가야 할 이유가 있다면 하루하루가 행복할 수 있다. 과거는 이미 과거다. 적어도 미래에는 우리가 노력할 수 있는 기회가 있지 않은가.

변화를 원하기만 한다면, 당신의 인생은 당신의 뜻대로 될지도 모른다.

토용(土俑, 흙으로 만든 인형) 무리가 이주를 하려는데 큰 강을 만났다. 모두가 물러섰지만 오직 한 토용이 용감하게 강으로 발길을 옮겼다.

이때, 다른 토용이 소리쳤다. "미쳤어요!"

"그렇게 하면 결국 죽고 말 거예요!"

"어서 돌아와요. 정말 죽고 싶은 거예요?"

하지만 그 토용은 돌아보지 않고 강을 향해 성큼성큼 걸어갔다. 그는 온몸이 고통스러울 텐데도 강 저편을 보며 죽을힘을 다해 헤엄쳐 갔다. 그리고 결국 온몸에 힘이 빠진 채 정신을 잃고 말았다.

정신을 차리며 '전보다 성숙해진' 자신을 본 토용은 곧 풍족한 마을에 도착했다. 그 순간 만약 자신이 용단을 내리지 않았다면 결국 후회만 남겼을 거란 사실을 깨달았다.

당신이 어떤 인생을 사느냐는 당신의 선택에 달려있다. 노력하는 과정에서는 다른 이의 비웃음도 살 수 있고 쓴소리를 들을지도 모른다. 하지만 끈기 있게 노력을 기울여 자신의 목적에 도달할 수만 있다면 남의 시선 따윈 크게 중요치 않다.

대부분의 사람들은 '인생이란 마음대로 되지 않는다' 고 생각하며 쉽사리 포기하고 현실에 안주하곤 한다. 하지만 우리가 '내 인생은 내가 결정할 수 있다' 고 믿고 그런 심리적인 암시 속에서 목표한 방향으로 노력해 나간다면, 설령 당초의 목표에는 미달할지라도 예전의 나보다 훨씬 나아진 나를 만날 수 있다. 더불어 내 노력으로 얻은 열매가 가져다주는 행복감을 만끽할 수 있다.

굳은 의지를 가지고 꿋꿋하게 자신의 길을 가는 사람은 언젠가 그 빛을 뿜어내겠지만, 다른 이들의 시선에 쉽게 휘둘리는 사람은 이후로도 여전히 다른 이들의 말에 좌지우지되며 살아갈 것이다.

피와 땀을 흘리며 자신의 인생을 위해 노력한 사람이라면 설령 가슴에
품은 꿈을 이루지 못했더라도 스스로에게만큼은 당당할 수 있을 것이다.

긍정적인
자기 암시를 걸자

마틴 루터 킹은 말했다. "나에게는 꿈이 있다. 언젠가 이 나라가 일어나 '사람은 태어나면서부터 평등하다'는 신조의 참 뜻을 실현하는 것이다. 언젠가 조지아의 붉은 언덕에서 과거에 노예였던 이들의 아들과 그 노예 주인의 아들이 나란히 앉아 형제의 정을 나누고, 정의가 사라지고 공포로 뒤덮여 사막 같은 미시시피 주가 언젠가 자유와 정의의 오아시스로 변하기를 바란다. 그리고 언젠가는 나의 아이들이 피부색이 아닌 인격으로 평가받는 나라에서 살아갈 수 있기를 바라본다."

몇 십 년 이후 마틴 루터 킹은 세상은 떠났지만 그의 꿈은 그가 살아 숨 쉬던 곳에서 현실이 되었다.

〈시아〉는 애국 시인 육유가 생전에 지은 마지막 시로, 내용은 이러하다. '죽고 나면 본래 만사가 아무것도 아님을 알지만, 다만 하나가 된 나라를 보지 못하는 것은 비통하네. 조정의 군대가 북벌해 중원을 차지하는 날, 제사 때 잊지 말고 이 늙은이에게 알려주오.'

그러나 마지막 날까지 대송은 중원을 수복하지 못했고, 육유의 소원은 끝내 이뤄지지 않았다.

누군가의 꿈은 이뤄지지만 누군가의 꿈은 좌절되며, 누군가의 소망은 이뤄지고 또 누군가의 소망은 평생 동안 현실이 되지 못한다.

이런 꿈은 단지 아름다운 상상에 지나지 않는다. 실현이 되고 말고는 우리가 예견할 수 없다. 우리가 할 수 있는 것은 꾸준한 노력뿐이다.

츠상옌이 세 살이 되도록 말을 하지 못하자 그의 부모는 조바심이 났다.

그러던 어느 날 누군가 이는 선천적으로 좋은 징조라며 츠상옌이 분명 큰 인물이 될 것이라 말했다.

츠상옌의 부모는 이를 철석같이 믿고 츠상옌을 최선을 다해 키웠다.

과연 그 누군가의 말처럼 츠상옌은 과거에 합격해 현령으로 부임해서 이후에도 승승장구했다.

때론 마음속에 품는 생각이 심리적인 암시가 되기도 한다. '당신은 분명 성공할 것'이라는 누군가의 말을 믿고 꾸준히 노력하면 정말 당신이 원하는 목표에 다가서게 될 것이다.

사주팔자나 점쟁이의 말을 믿으란 뜻이 아니다. 자기 스스로에게 심리적인 암시를 걸어야만 가장 효율적이다.

　이상과 소망은 우리가 아직도 많이 부족하고 더 많은 노력을 기울여야
한다는 사실을 분명히 일깨워준다.
　내가 원하는 미래에 살고 싶다면, 혹 실현 불가능한 꿈을 꾸고 있을지라
도 기죽을 필요 없이 꿈을 위해 달려가야 한다.

　뭘 더 망설이는가? 오늘부터 시작하자. 마음속에 있는 내 꿈을 위해 나
를 걸어보자. 언젠가 구름이 걷히고 바람이 잦아들기 위해서는 당신의 노
력이 선행되어야 한다. 아직도 뭐가 그리 아쉬운가?

PART 3

아무도 당신을
대신할 수 없다

모두가 반대해도
나는 나를 응원할 것인가

만약 세상 모든 사람이 당신에게 '노(No)'라고 말한다면 어떨까? 물론 아직 이런 상황에 직면해본 적은 없겠지만, 정말 그렇게 된다면 당신은 스스로를 부정하겠는가?

다른 사람의 비판에 부딪힌 사람들은 대개 한 발 물러서거나 흐름에 휩쓸리곤 한다.

왜 우리는 적시에 자신의 목소리를 내지 못하는 걸까?

그건 우리가 목소리를 내야 할 때 우리와 다른 이들의 의견이 다를 수 있고, 심지어 아주 다양한 의견이 한꺼번에 쏟아지다 보니 자칫하면 '다른 부류'로 보일지 모르기 때문일 것이다.

심지어는 상대가 당신을 '동화(同化)' 시키려는 것을 거절할 경우 당신은

'왕따'가 될 수도 있다.

물론 모든 사람이 우리에게 손을 내젓는다면 우리의 행동이 과연 적절한지 심각하게 고민해볼 필요도 있다.

대개의 경우 온 세상이 우리를 지지해준다면 일을 더욱 자신 있게 밀고 나갈 수 있는 용기가 생길 거라 생각한다.

옳고 그름은 모두 변증해야 한다. 그런 만큼 아무런 생각 없이 무턱대고 한쪽의 말만 듣고 따라가지만 않으면 된다.

차오샹우는 한 문제를 놓고 동기와 말다툼을 벌였다. 차오샹우는 자신이 맞고 동기는 틀렸다고 끝까지 주장했지만 동기는 그를 보곤 웃으며 말했다. "표준 답안을 못 봤구나? 내 답과 표준 답안은 완전히 일치해. 그러니 네가 틀린 거야."

더 화가 치민 차오샹우는 동기들과 고성을 지르며 논쟁을 펼쳤다.

이때 담임선생님이 들어와 무슨 일인지 묻고는 차오샹우에게 말했다. "너의 추산법을 한번 보여줄 수 있겠니?"

챠오샹우는 자신의 답안지를 선생님께 보여드렸고, 한참을 살펴본 담임선생님은 차오샹우의 추산과 답안에 아무런 문제가 없음을 알아차렸다. '표준 답안'이 잘못된 것이었다.

담임선생님은 학생들에게 말했다. "'권위적인 것'이 가장 정확한 것만은 아니다. 필요할 때는 '권위적인 것'에 대해 문제를 제기할 줄 알아야 한단다."

　하지만 대다수의 사람들이 '권위적인 것'은 '틀림없을' 것이라 굳게 믿다 보니 어느 누구도 쉽게 반대 의견을 피력하지 못한다. 만약 누군가 대담하게 일어나 다른 의견을 내놓기라도 하면 다들 멸시의 눈초리를 보낼 뿐 아니라 성과가 없을 경우에는 결국 '웃음거리'로 전락시키고 만다.

　텅 빈 대학 강의실에서 세 개의 수학 문제를 열심히 풀고 있었다. 두 개의 문제를 막힘없이 해결했고, 마지막 문제까지 성공적으로 풀어냈다.

　제출한 답안지를 본 교수는 아연실색해 물었다. "이 세 문제 모두 자네가 푼 것인가?"

　학생은 자신에 찬 목소리로 대답했다. "네, 모두 제가 푼 것입니다!"

　"그래, 알았네. 그럼 다시 푸는 것도 가능하겠는가?"

　"네. 물론입니다!"

　학생은 다시 한 번 아주 손쉽게 문제들을 풀어냈다.

　선생님은 감격해 말했다. "자넨 몰랐겠지만 이 세 문제는 2000여 년 동안 수학계의 난제였다네! 아르키메데스도, 뉴턴도 못 푼 문제란 말이네. 자넨 분명 천재야!"

　이 학생이 바로 '수학의 왕자' 가우스다.

자신의 능력을 과소평가해서는 안 된다. 우리는 우리 자신이 아는 것보다 훨씬 능력자일 수도 있다. 또한 자신의 노력과 끈기가 잘못되었음을 알기 전까지는 쉽게 자신의 신념을 꺾어선 안 된다.

인생은 한 번뿐이다. 옳든 그르든 신념을 갖고 당당하게 살아야 멋진 삶이라 할 수 있다. 설령 온 세상이 당신을 부정한다고 해서 자신마저 스스로를 부정해선 안 된다.

세상은 넓다.
용감한 나를 만들자

　과거에 나는 세상을 움직이는 사람들을 부러워하고 또 그들처럼 영향력을 갖고 싶다는 생각을 해보기도 했다. 하지만 현실에서는 그보다 훨씬 많은 사람들이 삼시 세끼를 위해 눈코 뜰 새 없이 바쁘게 사는데, 그들에게 사람들의 이목을 끌 여유가 어디 있겠는가. 현실은 매우 안타까워하며 우리에게 말한다. 세상은 당신이 생각하는 대로 굴러가지 않으며 설령 누구 하나 없어진들 여전히 잘 돌아갈 것이라고 말이다.

　지난 오랜 시간 동안 얼마나 많은 인물이 등장했는지 모르겠지만 그들 가운데는 시대를 풍미한 자도 있고, 남들처럼 평범한 삶을 살다 간 자도 있다. 또 세상을 바꿔보기 위해 목숨을 바친 이도 있었지만 자신의 인생을 사는 데만 급급한 이도 있었다.

인류는 이 드넓은 우주에서 아주 미약한 존재이며 이 큰 세상에 비해도 하찮기 짝이 없다.

공자는 일찍이 감탄하며 '흘러감이 이와 같구나(逝者如斯夫)!'라고 했다. 세상이 물 흐르듯 쉬지 않고 변하니 눈 깜짝할 사이에 천년도 흘러버릴 정도다.

미국 상무부의 조사에 따르면 세계 여러 나라 가운데 인구수명이 가장 긴 나라는 일본으로, 평균 수명이 79.66세였다. 하지만 백 년도 안 되는 인류의 수명이 과연 46억년이나 된 지구의 수명과 비할 바나 되겠는가?

그렇다고 이렇게 되는 대로 살아야 하는 것일까?

사실 세상을 바꿀 수는 없다. 하지만 당신 자신은 바꿀 수 있고 당신에게 주어진 운명도 바꿀 수 있다. 그러므로 지나친 방관자적 태도 대신 담담한 마음가짐으로 모든 것을 대해보자.

즉 이런 세상을 받아들이되 무조건적인 순응은 하지 말자는 의미다.

친구가 목적 없이 산다고 당신도 목적 없이 살고, 친구가 나쁜 일을 저지른다고 당신도 함께 저지른다면 당신의 인생은 구렁텅이에 빠지고 말 것이다.

우리가 세상을 쥐고 흔들 수는 없지만, 세상을 움직이려는 사람들의 능력에도 한계는 있기 마련이다. 그러므로 나 자신만큼은 주체적인 인생을 살아야 한다.

낙관적이고 착한 심성의 어린 디쥔청은 세상은 아름답고 노력을 기울인 만큼 원하는 삶을 살 수 있을 거라 믿었다. 그러나 알콜 중독자였던 아버지는 늘 도박을 일삼으며 화가 나면 어머니를 때렸다. 참다못한 어머니는 결국 집을 떠나버렸다.

그날 이후 아버지와 단둘이 살게 된 디쥔청은 아버지의 부정적인 모습을 닮기 시작했다. 소위 '그 아버지의 그 아들'이었다. 점점 학교가 싫어졌고 하루가 멀다 하고 친구들과 싸웠다. 조금 더 커서는 가서는 안 될 곳마저도 드나들기 시작했다.

사회에 나와서는 거리의 불량배들과 어울렸고 끝내 강도 혐의로 감옥에 끌려 들어갔다.

건강했던 예전 모습은 찾아볼 수 없는 백발의 노인이 된 아버지는 어긋나버린 아들의 인생이 모두 잘못 가르친 자신의 탓이라며 스스로를 원망했다.

디쥔청의 아버지는 여러 해 전 '개과천선' 했다. 그렇지만 이미 오래전부터 아버지의 말을 듣지 않았던 디쥔청은 마치 돌아올 수 없는 강을 건넌 듯했다. 그러나 매번 면회를 오는 아버지를 보며 결국 마음의 문을 열고 깊은 반성의 눈물을 흘렸다.

비록 현실 세계가 디쥔청의 상상처럼 아름답진 않았지만 그렇다고 그것이 그가 타락하거나 인생을 낭비할 이유는 될 수 없다.

아직 젊은 만큼 새롭게 시작할 수 있을지도 모른다.

디쥔청은 출소 후 예전에 어울렸던 친구들과 거리를 두고 작은 가게를 차렸고, 아름다운 아가씨를 만나 새로운 삶을 시작했다.

만약 세상이 자신의 뜻대로 움직이지 않는다는 이유로 타락한 인생을 택한다면 스스로를 벼랑 끝으로 내모는 것과 같다.

당신은 언제든 재기할 수 있다. 왜냐면 당신은 여전히 당신 인생의 주인이기 때문이다. 내가 나를 사랑한다면 바깥세상이 소란한들 무슨 관계가 있겠는가?

세상이 우리 뜻대로 움직이지는 않겠지만, 우리에게는 자신을 통제하고 관리하며 노력이라는 작은 힘을 보태 우리가 사는 세상을 조금은 살 만하게 만들 수 있는 능력이 있다.

그리고 이렇게 해야만 '진짜의 나'로서 살아갈 수 있다.

주관이 있어야
휘둘리지 않는다

일부 사람들은 종종 보이지 않는 힘이 옳은 것과 그른 것, 할 수 있는 것과 없는 것, 무엇을 할 방법, 그리고 매일 해야 할 것과 할 수 없는 것 등을 정해놓고 그것들을 조종하고 있다고 생각하곤 한다.

그래서 마치 우리의 행동을 스스로 결정하면 안 되는 듯한 느낌마저 드는데, 특히 사회에 진출한 이후에는 그 느낌이 더욱 강렬해진다.

가령 회사에서라면 사장이 바로 우리를 움직이는 자다. 사장은 직원들이 해야 할 일과 하지 말아야 할 일들에 대한 '사칙'을 일러줄 것이다. 물론 사장 자신은 지키지 않을 게 분명하다. 하지만 직원들이 지키지 않을 경우에는 언제 해고 통지를 할지 모른다.

그런 까닭에 우리는 사장의 지시 사항에 습관적으로 움직이게 된다.

사장이 하라면 좋든 싫든 해야 한다.

결혼을 했다면 우리는 아마도 배우자의 말에 따라 움직이게 될 것이다.

배우자는 수많은 요구를 할 테고, 만약 들어주지 않으면 부부 싸움이 불가피할 것이다.

왕선생의 직장은 시내에 있지만 그의 부인의 직장은 외곽에 있어, 이들 부부는 부득이하게 주말부부가 되었다. 만약 주말에 집에 가지 않는다면 왕선생은 부인에게 합당한 이유를 설명해야 한다. 그러지 않을 경우 부인 앞에서 '무릎이라도 꿇어야' 할지도 모른다.

친구들은 입을 모아 왕선생이 공처가라고 말하지만 왕선생은 완강하게 부인하며 말한다. "그래도 내 마누라지 않은가. 일주일에 이틀인데 좀 참고 들어주는 게 어때서?"

사실 어릴 적 우리는 어른의 자유를 몹시 갈망한다. 하지만 어른이 되고 나면 어릴 적 생각만큼 자유롭기는커녕 오히려 더 많은 제약들에 갇혀 살아야 한다는 것을 깨닫곤 한다.

법률, 종교, 신앙 등도 수많은 규칙과 지침을 제시하며 우리의 인생을 좌지우지하기도 한다. 역사적으로 브루노, 잔 다르크 등의 사람들이 이런 이유로 심판을 받고 '이단'으로 몰려 화형까지 당했었다. 그러나 사실 과학자이고 군사가였던 그들은 오늘날엔 오히려 많은 이들로부터 추앙받는 인물들이 되었다.

도대체 누가 우리를 쥐락펴락한단 말인가? 사실 당신을 좌지우지할 사람은 바로 당신 자신뿐이다. 모든 일은 사람이 주관한다. 우리는 스스로를 컨트롤하는 스스로의 주인이 되어야 한다.

양손을 펼쳐보라. 당신의 손에 있는 운명선을 발견할 수 있다. 당신이 그 손을 꽉 쥔다면 운명은 바로 당신의 손아귀에 들어오는 것이다.

때로는 구속을 받지 않으면 마치 다듬어지지 않아 거목으로 자랄 수 없는 묘목처럼 되고 만다. 그런 만큼 우리는 이런 구속들에 늘 감사해야 한다.

하늘을 탓하지도, 우리 인생을 다른 사람에게 떠넘기지도 말고 내 인생의 주인이 되도록 노력해야 한다. 그래야만 스스로의 최고의 주인이 되어 자신의 본래 색깔대로 주관을 가지고 살 수 있다.

주관대로 해야
행복할 수 있다

오래전부터 사람들은 집안이 비슷한 사람끼리 결혼해야 한다고 생각해 왔다. 하지만 주위를 살펴보면 그렇지 않은 커플도 꽤나 많다.

그렇다면 그들 부부의 삶은 어떤가? 혹시 불행한가? 꼭 그렇지도 않다!

대개 강한 성품의 여자는 온화한 남자를 찾아 강함을 누그러뜨리고자 하고, 덩치가 큰 남자는 몸집이 자그마해 보호 본능을 일으키는 여자를 택한다. 또 키가 작은 여자의 곁은 키다리 남자가 지키고 있으며, 평범한 얼굴의 남성은 꽃같이 예쁜 부인과 함께한다.

일반적으로 나이도 집안도 차이가 나는 남녀가 만났을 때 더 순탄한 결혼 생활을 하기 마련이다.

전통적인 관념에서는 집안 환경이 결혼에 절대적인 영향력을 발휘하며, 이로 말미암아 종종 집안싸움이 빚어지기도 한다. 하지만 사랑이란 서로 맞춰가는 것이지 집안 수준의 차이와는 무관하다.

량산보와 주잉타이는 서로 사랑하는 사이였다. 량산보는 주잉타이와의 혼인을 위해 그녀의 집에 찾아갔지만 신분이 낮다는 이유로 문전박대당하고 말았다. 그리고 얼마 후 주잉타이는 아버지가 정한 사윗감인 마원차이에게 시집가게 되었다. 이 소식을 들은 량산보는 우울증에 걸려 결국 세상을 떠났다.

시집가던 날 량산보의 무덤을 지나게 된 주잉타이는 그 무덤에 제사를 올렸다. 그러자 무덤이 갈라졌고, 주잉타이는 그 안으로 뛰어들어 량산보와 함께 나비가 되어 이승을 떠났다.

민간에 내려오는 전설이라고는 하지만 이런 가슴 저린 사랑을 하고도 부부의 연을 맺지 못하는 안타까운 이야기는 수없이 많다.

부잣집 도련님인 딩하이빈은 가난한 집 출신인 안이커를 좋아했다.

하지만 많은 재산을 물려받아 앞날이 창창한 딩하이빈과 달리 안이커는 병든 아비와 철모르는 남동생을 대신해 집안을 꾸려야 했다. 그럼에도 두 사람은 여한 없이 사랑하고 싶었다.

딩하이빈의 아버지는 둘을 떼어놓기 위해 안이커에게 사람을 보내 거액을 주며 아버지와 남동생을 데리고 멀리 떠날 것을 요구했다.

아버지의 병을 치료해 장가라도 보내드릴 수 있을 만큼의 큰돈이었다. 만약 자신이 떠나지 않는다면 딩하이빈의 앞길을 가로막게 될 것이고, 어차피 딩하이빈의 아버지가 수단과 방법을 가리지 않고 두 사람을 갈라놓을 것이 분명했다.

동시에 딩하이빈의 아버지는 그의 집안에 어울릴 만한 규수를 데려왔고, 딩하이빈은 가족들의 시달림에 못 이겨 그 규수와 약혼하고 말았다.

미어지는 가슴을 안고 떠날 결심을 한 안이커는 종적을 감춰버렸다.

결혼한 딩하이빈은 행복하게 잘 살았을까? 물론 그럴 리 없었다!

그는 매일매일 안이커를 그리워하며 미쳐가고 있었다. 더 불행한 사람은 바로 그의 부인이었다. 그녀는 사랑하지도 않는 남자에게 시집을 와 하루 종일 슬픔 속에서 보내야 했다.

이후 딩하이빈의 아버지는 사태를 어떻게든 바로잡아보고 싶어 했지만 이미 아무런 소용이 없었다.

딩하이빈은 끝내 미치고 말았고, 딩하이빈의 부인은 하는 수 없이 그의 곁을 지켰다. 한편 타향에서 주정뱅이 남편과 사는 안이커의 삶 역시 고단했다. 그리고 몇 년 후 그녀는 한 맺힌 가슴으로 세상과 이별했다.

본래 행복했을 부부의 연이 맺어지지 못하자 세 사람, 특히 딩하이빈의 부인의 인생이 송두리째 흔들려버렸다. 바로 '집안이 어울려야 한다' 는 고정관념이 이렇게 만든 것이다.

대부분의 사람들은 여전히 '학력 좋고 잘생긴 부자' 혹은 '하얗고 아름다운 미인' 을 배우자로 삼고 싶어 한다. 사실 이는 아주 자연스러운 현상이다. 사람이 아름다움을 추구하는 것은 당연지사 아니던가. 그러나 배우자를 선택하는 데 가장 중요한 것은 자신과 끝까지 함께할 수 있느냐이지 않을까 싶다.

함께하기로 결정했다면 넓은 마음으로 상대방의 모든 것을 이해해야 할 것이다. 순리에 따라 마음이 통하는 사람을 선택하도록 하자.

유일무이한 존재가 되어야만
아무도 당신을 대신할 수 없다

하버드나 예일 같은 세계 일류 대학들은 모두 학생들의 '유일무이' 한 특징에 초점을 맞춘다. '유일무이' 한 능력을 갖춰야 보다 나은 곳에서 일할 수 있고, 그렇지 않은 경우 도태될 것이라 여기기 때문이다.

대학 졸업 후 구직을 하려면 수많은 시간을 들여 이력서를 쓰고, 다시 열흘에서 보름 혹은 더 오랜 시간을 기다리고 또다시 몇 개월이 지난 후 비로소 '출근'을 할 수 있다.

이 기간 동안에는 몇몇 회사에서 면접 일정을 알려온다. 물론 그 기회조차 안 주는 곳도 부지기수다. 면접시험 기회를 준 회사가 있다 해도 그 자리를 두고 또 아주 많은 경쟁자들이 면접에 참여할 것이다. 그럼 그 회사는 몇 십 명의 지원자 가운데 가장 훌륭한 한 명을 뽑는데 그렇게 최종 선발된 인원이 우리가 아니기도 하다.

왜 이런 굴곡을 거쳐야 하는 걸까?

그건 당신이 유일무이한 존재가 아니기 때문이다. 면접을 본 회사에서는 당신을 뽑을 수도 있지만 뽑지 않을 수도 있다.

선택은 양방향으로 이뤄진다.

한번 생각해보라. 만약 당신이 가진 능력을 당신 외에 어느 누구도 갖추지 못했다면 사장은 분명 당신에게 최고의 대우를 해주며 중책을 맡길 것이다. 그렇기에 우리는 대체 불가능한, 없어서는 안 될 존재가 되어야 하는 것이다.

유일무이한 사람이 되어 대체 불가능한 인력이 되고 싶거든 아래의 방법을 시도해보자.

줏대를 가지고 남들과 다른 길을 가야만 남다른 인생을 살 수 있다.

자신의 운명을 탓하지 말고 내 운명은 내가 개척할 수 있다고 믿자. 그래야만 자신이 하고 싶은 일을 하도록 스스로를 채찍질할 수 있다. 그러다 보면 그 분야에서만큼은 독보적인 인재가 될지도 모를 일이다.

보다 나은 나를 위해 더욱 갈고 닦아야 한다. 그래야만 하루하루 발전을 거듭해 점차 완벽해질 것이다.

자만은 금물이다. 자신에 대한 과대평가는 제자리걸음을 자초하는 독으로, 다른 이들과의 격차를 더욱 벌릴 것이기 때문이다.

그러므로 꾸준히 무언가를 배우고 익혀야 한다. 다른 비장의 카드를 만들어 만약을 대비하는 것도 좋다. 혹여 다른 이가 당신의 독보적인 위치를 위협할 때 당신이 '두 번째 비장의 무기'로 탈바꿈한다면 상대방은 당황할 수밖에 없을 것이다.

유일무이한 사람은 대체 불가능하다. 그러므로 우리는 '유일무이'한 사람이 되어 없어서는 안 될 소중한 존재가 되어야 할 것이다.

왜 말 잘 듣는
착한 아이가 돼선 안 될까

최근 멍쇠이는 부모님과 의견 충돌을 했다.

엄마는 말했다. "우리가 여태껏 헛 키웠구나. 이렇게 커서는 일만 저지르고, 말도 안 들으니 말이다."

멍쇠이는 말했다. "저는 이제 어린애가 아니에요. 제 미래는 제가 결정할 수 있어요!"

엄마는 말했다. "다 너를 위해서잖아! 아빠가 좋은 직장에 보내려고 얼마나 애쓰신 줄 아니? 참한 아가씨도 소개해주고. 근데 너는 고마워하기는커녕 결혼은 자유라며 나를 탓하고 있어. 정말 서운하구나!"

멍쇠이는 말했다. "엄마, 지금이 어떤 시대인데요. 제 결혼은 제가 알아서 해요. 엄마 아빠가 신경 쓰지 않으셔도 돼요. 게다가 아빠가 찾아주신 일자리는 제가 좋아하는 일도 아니에요. 거기로 출근하느니 그냥 백수가 낫겠어요."

엄마는 말했다. "네가 좋아하는 일이 이렇게나 많은데 네가 뭘 좋아한다고 하면 그것만 도와줘야 하는 거니?"

멍쇠이는 말했다. "그런 뜻이 아니에요. 그냥 절 힘들게 하지 말아주세요! 엄마가 소개해주신 그 아가씨는 집안도 좋고 돈도 많다지만 따뜻하지도 현명하지도 않아요. 엄마 아들이 그런 여자와 함께 살았으면 좋으시겠어요? 그렇게 응석받이로 자란 사람은 엄마를 잘 모시지도 못할뿐더러 오히려 갈등만 빚을 거예요. 생각해보세요. 고부 갈등이 생기면 집안이 편안하겠어요?"

멍쇠이의 말에 일리가 있다고 여긴 엄마가 물었다. "그럼 어쩌겠다는 거니?"

멍쇠이는 말했다. "저는 이제 어린애가 아니에요. 엄마 아빠가 무슨 말씀을 하시는 건지 충분히 알았어요. 정말 저를 위해서라면 직장이든 배우자든 제가 결정할 수 있게 해주세요. 아들을 너무 과소평가하지 마세요. 제가 온실 속 화초 같아도 비바람을 견뎌낼 만큼 용감하거든요. 제 스스로 뭐든 해야만 엄마 아빠도 안심하실 거예요."

엄마가 말했다. "그래, 네 말도 일리가 있구나. 한번 지켜보자꾸나."

멍쇠이는 너무나 기뻤다. 멍쇠이도 부모님도 각자의 의견이 있기 때문에 이런 충돌은 피할 수 없었지만 결국 멍쇠이가 이겼다. 그는 이제 비로소 자신의 생각대로 살 수 있게 되었다.

우리도 늘 부모님의 잔소리를 듣곤 한다. 밖에서 다른 이들과 잘 지내는지, 괴롭힘을 당하진 않는지....... 아주 세세한 일들까지도 부모님은 매우 걱정스럽다.

비록 부모님은 우리를 위하는 마음이시겠지만, 그렇다고 우리가 부모님 생각대로 살 수만은 없다. 시대가 변하며 장기적인 발전을 거쳐 온 만큼 이전 세대인 부모님의 생각과 우리의 생각에는 적지 않은 거리가 있을 수밖에 없다.

우리 자신만이 우리에게 정말 필요한 무언가를 알 수 있다. 자신을 파악했다면 부모님께 자기 의사를 명확히 표현해야만 의견을 존중받을 수 있다. 그러지 않고서는 부모님의 말씀이라면 무조건 따르게 되고, 결국 주체적인 삶과는 영영 멀어질지도 모른다.

부모님의 잔소리에 불만을 느끼면서도 자신의 생각을 밝히는 데는 소극적인 사람이라면, 아주 말 잘 듣는 착한 아이가 되어 자신이 진정으로 원하는 삶을 만들지 못할 것이다. 그런 세상에서라면 당신은 결코 진정한 기쁨을 얻을 수 없다.

원대한 꿈이라면
져도 괜찮다

　대부분의 영화 속에서 주인공과 대치하는 배역은 늘 좋지 않은 결말을 맞이한다. 그러한 배역을 맡은 배우들도 '인간 같지도 않은 인간'을 연기해내려고 한다. 왜 그렇게 표현하는 것일까? 그 인물이 사악함의 대명사임을 알려주려는 것일까? 그렇다 보니 그러한 배역의 결말은 공식처럼 실패나 처벌로 매듭지어진다.

　어릴 적 어른들이 누군가를 나쁜 사람이라고 일러주면서 그들의 얼굴은 흉악무도하게, 행동은 아주 사악하게 묘사하고 절대로 그들과 어울리지 말라며 주의를 주었던 것처럼 말이다.

　당시에는 그러한 말을 철석같이 믿었다. 그러나 나이가 들며 시야가 넓어지고 사리분별을 하게 되면서 다시금 그때의 평가 기준을 돌아보고 무언가 깨달음을 느끼곤 한다.

예부터 '권세 있는 자는 함부로 건드릴 수 없다'고 했다. 그런 자에게 참다못해 순간 화를 냈다가 실패한 자의 결말이 어떨지는 충분히 예상할 수 있다. 옥황상제의 머리를 때린 손오공이 오지산에 갇혀 반성하고 참회했던 게 그 좋은 예다.

그렇다면 현실에 안주하려면 '분수에 맞지 않는 생각'은 아예 품어서도 안 되는 걸까?

당연히 아니다. 우리는 이상과 포부를 가지는 동시에 시시비비를 명확히 가리고 정의의 편에 서서 악의 무리와 되도록 멀리 떨어져야 한다.

이와 함께 선이 무조건 선하고, 악이 무조건 악하지 않다는 것을 명심하고 판단력을 높여야 한다.

명나라 때 허중린이 쓴 소설 《봉신연의(封神演義)》에 등장하는 신공범과 강자야는 같은 스승 밑에서 형제처럼 지냈지만 다른 주인을 '섬기게' 되면서 적대 관계가 되고 만다.

신공범은 강자야가 반란을 일으킨 정당한 이유가 있으니 진압하자고 말하고, 강자야는 신공범이 '주왕을 도와 잔악한 일'을 꾸몄으니 토벌해야 한다고 말한다.

그들 모두 자신은 정의의 편이고, 상대방이 '악의 무리'라고 생각한다. 신공범 혹은 강자야를 따르는 무리 역시 상대가 잘못된 무리라고 여긴다.

역사적으로 '무왕이 주를 치는 것' 이야말로 전체적인 흐름이었음이 증명되면서 강자야는 세인의 추앙을 받은 반면 신공범은 외면을 받아야 했다. 그렇지만 우리는 모든 일에서 사람들의 말만 믿어서는 안 된다. 같은 시선으로 살펴 판단해야 한다.

만약 이 전쟁이 주문왕과 무왕의 실패로 끝나 주문왕의 '병변'이 역사에 '반란'으로 기록되었다면, 주문왕과 주무왕 역시 역사적으로 '반대파 역할'로 기록되었을 것이다.

'반대파의 역할' 이었지만 의지가 있는 사람이 있었다. 만약 그가 끝내 성공하지 못했다면 그에 대해 다른 사람들의 시선에도 큰 변화가 일어났을 것이다. 그는 바로 주원장이다. 당초 그가 봉기를 일으켰을 때 원나라 입장에선 진압해야 할 반란군이었다. 하지만 훗날 명나라를 세우며 원나라를 멸망시켜 새로운 시대를 개막했다. 이 얼마나 큰 의미가 있는 일인가.

일부 의지가 있는 사람이 너무나 참담한 최후를 맞아 이전의 이상과 포부마저 잃는 모습에선 조금의 생기도 활력도 찾아볼 수 없어 너무나 안타깝다.

우리는 의지를 갖고 원대한 이상을 품어야 한다. 흑백은 바뀔 수 없는 만큼 옳고 그름에 대해 판단력을 갖추고 정도를 고집해 나가야 한다.

PART 4

누군가 어둠 속
당신의 손을 잡아줄 것이다

떠돈다는 것은
정착을 위해서다

우리는 살기 위해 혹은 꿈을 위해 부모와 가족들 곁을 떠나 먼 타향에서 홀로살이를 해나간다. 가족과 친구들 곁으로 돌아갈 생각만 해도 시끌벅적한 분위기 속에서 서로를 향해 웃고 떠드는 장면이 머릿속을 스쳐간다. 하지만 배낭을 짊어진 채 세상을 경험하고 나면 처음의 그곳으로 돌아가기란 여간해선 쉽지 않다.

최선을 다하는 사람은 열 평 남짓한 셋방에서 컵라면을 먹으며 짙은 외로움과 싸워도 정작 고향으로 돌아가는 것은 원치 않는다.

남쪽 지방의 작은 마을 출신인 한 여성은 현재 베이징에서 살고 있다. 그녀의 삶은 마냥 행복하지만은 않다. 사랑도 일도 무엇 하나 잘 풀리는 것 없이 그냥저냥 살아가고 있다. 그럼에도 그녀가 이런 생활을 견뎌내는 이유는 무엇일까?

한 조사 결과에 따르면 매년 수백만이 베이징으로 흘러들고 또 적지 않은 사람들이 베이징을 떠나지만 유입되는 수가 훨씬 많다. 가슴속에 제각각의 꿈을 품은 그들은 이렇게 베이징에서의 유랑생활을 시작한다.

비록 고달픈 삶이지만 고향으로 돌아가는 것도, 평범하기만 한 삶을 사는 것도 모두 그들이 원하는 그림이 아니다.

참고 인내한 사람은 베이징에서 자리를 잡고 집도 마련하며 비교적 안정된 삶을 살겠지만 방법을 찾지 못한 사람들은 이내 베이징의 리듬과는 엇박자를 보이며 점점 그 궤도에서 이탈하고 말 것이다.

하지만 모든 사람들이 아무런 원망도 후회도 하지 않는다.

아르바이트로 생계를 이어가는 스물다섯의 한 청년은 이렇게 말한다. "저는 농촌에서 왔어요. 집에는 남동생과 여동생이 있고 부모님은 일찍 돌아가셨습니다. 농촌에선 동생들 뒷바라지는커녕 제 앞길도 막막해요. 그래서 대도시에서 살기로 결정했고 절대 돌아가지 않을 거예요."

많은 사람들이 이런 유랑 생활을 즐기고 있다. 특히 가난한 가정의 아이들은 어쩌면 이런 고생을 해야 할 운명에 일찍부터 처해있는지도 모르겠다.

인생은 아주 길다. 나이가 들어 따뜻한 가정과 내 일이 있다면, 젊을 때의 고생은 초년에는 복이고, 노년에는 과거를 떠올리며 뜨거운 눈물 한 줄기 흘릴 수 있는 추억이 될는지도 모른다.

사람이라면 모름지기 희로애락을 겪어봐야 비로소 진정한 편안함을 느낄 수 있다.

세상을 떠돌며 하는 경험은 하늘이 주신 특별한 선물이다. 청춘인 지금이 아니라면 또 언제 가능한 일이겠는가?

훗날 한 장 한 장 펼칠 우리 젊은 날의 고생은 몸조차 내 말을 들어주지 않는 외로운 노년의 따뜻한 위로가 될 뿐만 아니라 우리 인생을 더욱 값지게 만들어 줄 보석이 될 것이다.

당신이 꿈꾸는 영원불변의 사랑, 절반은 영원하지 않다

우리는 세상 사람들이 우리를 좋아해주고, 유일한 '남신' 혹은 '여신'으로 바라봐주길 바라지만 현실은 전혀 그렇지 않다.

왜 진심을 다해 우리를 사랑해주는 사람은 세상 전체가 아닌 소수의 몇 몇뿐일까? 처음에는 당신의 말이라면 맞든 틀리든 무조건 '오케이' 라던 사람일지라도 시간이 흐르면 변할 것이다.

70여 년 전부터 대대로 장사를 하며 부를 축적한 한 집안이 있었다. 그 집안의 저택은 실로 으리으리했는데 전쟁의 화마가 휩쓸고 간 뒤에도 끄떡없을 정도였다.

단 한 가지 아쉬운 점이 있다면 집안에 장정이 없고 장징이라는 딸만 있다는 것이었다. 비록 화려한 외모는 아니었지만 지식만큼은 뒤지지 않았다. 그런 그녀의 아버지는 리야거라는 젊은이를 사윗감으로 점찍어 두고 있었다.

키도 크고 훤칠한 미남인 리야거는 능력이 좋을 뿐 아니라 성품도 인자했다. 장징의 아버지는 그를 데릴사위로 맞아야겠다고 결심했고, 이후 리야거는 장징을 자신보다 더 사랑하며 많은 애정을 쏟았다.

장징의 아버지는 스스로 자신의 눈썰미를 뿌듯해했다.

여러 해가 흐르고 장징의 아버지가 세상을 떠나자 장징 말고는 어느 누구도 리야거에게 눈치를 주는 사람이 없었다. 이렇게 되자 리야거는 점점 장징의 잔소리가 견디기 힘들어졌다. 사실 이전부터 그녀가 곱게 보이지 않았지만 장인의 눈치에 눌려 아무 말 없이 참아온 터였다.

점점 집안일이 많아지자 결국 장징은 몸져눕고 말았다. 하루 종일 병상에 누워있는 부인을 보며 리야거는 부아가 치밀어 올랐다.

한번은 늦은 밤 물이 먹고 싶었던 장징이 하인을 부르기가 여의치 않아 리야거에게 말했다. "갈증이 나는데 물 한 잔만 가져다줘요!"

리야거는 잠에 취해 성가신 듯 말했다. "당신이 가요. 당신은 다리가 없소?"

그 말을 들은 장징은 자신이 리야거에게 성가신 존재가 되어버렸다는 사실에 서글퍼졌고, 그날 이후 장징의 몸은 하루가 다르게 나빠졌다.

이웃들은 좋은 마음으로 몇 번이나 장징에게 간병할 사람을 붙여줬지만 모두 리야거의 벼락같은 성미에 놀라 이내 그만뒀다.

장징은 정말이지 참을 수 없어 리야거에게 말했다. "난 지금 환자예요. 제발 나를 가엽게 여기고 그 불같은 성질 좀 가라앉힐 수 없나요?"

그러나 리야거는 오히려 이렇게 말했다. "나는 이미 아주 오랜 시간 참아왔소. 사내대장부가 여자 눈치나 보고 사는 게 말이 된다고 생각하는 거요?"

장징은 결혼 전과는 완전히 다른 사람이 된 리야거를 보면서 더 이상 예전으로 돌아갈 수 없음을 깨달았다.

어떤 이들은 겉으론 따뜻하고 순종적인 듯 보이지만 실제로는 그렇지 않기도 하다. 그렇기에 겉으로 사람을 판단하지 말고 좀 더 깊게 알아가야 하는 것이다. 결혼할 상대라면 더욱 그렇다.

만약 당신이 지고불변한 사랑을 하고 싶다면 잠시도 헤어지지 않을 생각만 할 것이 아니라 그를 존중하고, 다독일 수 있는 법도 공부해야 한다. 그리고 가장 중요한 것은 쉼 없이 노력해 사람들 앞에서 보다 당당한 모습으로 설 수 있어야 한다는 점이다.

이렇게 해야만 어떤 누구도 당신의 상대를 넘보지 못할 것이다.

더불어 상대에게도, 자신에게도 혼자만의 시간을 줄 수 있는 여유를 갖는 것도 오랜 사랑을 지속하는 좋은 방법이다.

울고 나면
더 씩씩해진다

운다는 건 인류의 가장 기본적인 정서 표현 방식이다.

고통스럽거나 굴욕을 당했을 때 눈물을 참기란 쉽지 않다. 그나마 눈물을 흘리는 당신 곁에 누군가 있다면 위로의 몇 마디라도 건네주겠지만, 인적이 드문 깊은 밤 눈물을 흘린다면 어느 누구에게도 상처받은 마음을 위로받을 수 없다.

창 밖에 별이 반짝이고 달빛이 고요한데 흐르는 눈물이 자꾸만 앞을 가린다. 왜 이런 눈물은 쉽게 떨쳐지지 않는 걸까?

대부분은 고독하고 쓸쓸해서 눈물을 흘린다. 물론 다른 사람에게 받은 상처로 속절없는 눈물을 흘리기도 하고, 혹은 슬픈 이야기가 눈물샘을 자극하기도 한다.

점점 눈물이 우리 감정을 대신하면서 호탕한 웃음은 좀처럼 보기 어려워져버렸다.

우리는 종종 울다, 울다, 웃는 경우가 있는데 이는 슬픔이 기쁨으로 바뀌는 것이고, 웃다, 웃다 우는 경우라면 그건 너무 기쁜 나머지 눈물을 흘리는 것이다.

누구나 눈물을 흘려봤을 것이다. 사람들은 즐거운 날은 줄어들고 외로운 날만 늘어간다고 한탄한다. 그래서 그런지 눈물은 이제 아주 흔해져버렸다.

운다는 건 마음이 약하다는 표시다.

여자의 눈물은 동정심을 유발하지만 남자의 눈물은 이런 소리를 듣게 한다. "사내자식이 울긴 왜 울어? 그러고도 사내냐?"

그래서 많은 사람들이 울고 싶은 감정을 꽁꽁 싸매고 억지웃음을 짓곤 한다. 하지만 누구나 울 권리가 있지 않은가. 울고 난 후에야 당신은 더 씩씩해지고 단단해질 수 있다.

리사오중은 부잣집에서 태어나 부모님의 사랑을 듬뿍 받고 자란 터라 세상의 쓴맛이라곤 보지 못했다. 학교를 졸업한 뒤 부모님 품에서 벗어나 다른 도시에서 직장 생활을 시작한 그는 모든 것이 낯설기만 했다.

사장에게 욕을 먹었을 때, 동료들에게 외면당했을 때, 집주인과 다툼을

빚었을 때....... 리사오중은 아무도 없는 구석에 홀로 앉아 눈물을 삼켜야 했다. 부모님은 통화할 때마다 그의 울먹이는 목소리를 들어야 했다.

엄마는 말했다. "사오중아, 많이 힘들면 다시 돌아오는 건 어떻겠니?"

하지만 리사오중은 결연하게 말했다. "아니에요. 전 아주 잘 지내고 있어요."

"하지만 내가 보기엔 네가 많이 힘든 것 같구나."

리사오중은 억지로 웃으며 말했다. "전 잘 지내고 있어요. 염려 마세요."

엄마는 말했다. "우리 아들이 많이 컸구나. 엄마 아빠를 안심시킬 줄 아는 걸 보니."

리사오중은 말했다. "제가 잘할게요. 어머니 아버지도 제 걱정은 이제 안 하셔도 돼요."

전화를 끊은 리사오중은 흐르는 눈물을 참을 수가 없었다. 그리고 깊이 생각한 끝에 부모님을 걱정시킬 일은 해선 안 되겠다고 마음먹었다.

리사오중은 부모님의 걱정을 덜어드리기 위해 성공에 관한 책들을 탐독했다. 그는 더 이상 눈물을 흘리지 않기 위해 노력했고, 다른 이들과 좀 더 많이 어울리며 의미 있는 일들에 적극적으로 참여했다. 그런 과정을 거치며 점점 밝아지는 자신을 발견할 수 있었다.

얼마 되지 않아 한 여성이 그에게 호감을 표시해왔다.

봄이 되어 리사오중이 그녀를 부모님께 소개시키자, 그의 엄마가 물었다. "우리 사오중이 어디가 좋았어요?"

리사오중의 여자 친구는 말했다. "사오중은 아주 씩씩한 사람이에요. 저를 잘 보호해줄 것 같은 느낌이었어요."

리사오중의 부모는 그녀의 말이 신기하기도 했지만 아들의 행동거지에서 아들이 정말 강해졌음을 발견할 수 있었다. 사오중은 더 이상 작은 일로 질질 짜는 어린애가 아니었다.

우리는 나약함을 버리고 강인해져야만 고된 나날을 견뎌낼 수 있고, 누군가의 도움의 손길이 없더라도 태연자약하게 내 길을 갈 수 있다.

강인해진다는 것은 절대 감정을 억누른다는 의미가 아니다.

언제든 우리는 눈물을 흘릴 수 있다. 단지 아무런 이유도, 절제도 없이 눈물을 흘린다면 그 과정을 통해 자신을 돌아보고 성장해야 한다는 의미다.

세상에 태어나 우리는 제일 먼저 울음을 터트린다. 그렇게 시작된 인생의 희로애락을 차곡차곡 겪다보니 어찌 눈물과 멀어질 수 있겠는가. 마음이 강인한 사람은 눈물 때문에 약해지지 않는다.

강인해진다면 어떤 상황에 처하든 침착하고 대담하게 헤쳐 나갈 수 있다

사람들이 외면한다고
당신이 틀린 것은 아니다

꽃 같은 자태에 영롱한 눈빛, 달콤한 미소, 그리고 따뜻한 말씨....... 몇 년 전 당신은 매우 아름다웠다. 하지만 지금 당신의 창백한 얼굴에서는 더 이상 청춘을 찾아볼 수 없다.

이런 장면은 사극 같은 영화에나 나올 법하다. 천진난만한 시절에는 일도 사랑도 순탄했다. 빠른 머리 회전으로 황후, 황태후에 올라 편안한 말년을 보내는 이가 있는 반면 같은 시간 동안 모진 박해를 받다 죽어가는 이도 있을 것이다. 특히 철없이 똑똑하기만 한 이들은 궁 안의 냉혹한 시선과 냉대를 맛보게 될 것이다.

궁궐의 여인들만 외면받는 건 아니다. 자신이 냉대받은 기억은 없는지 한번 생각해보라.

리하오란은 고향을 떠나 외로운 타지살이를 선택한 자신이 너무 원망스럽다. 그렇다고 지금의 이 생활이 아니라고 한들 그리 대단한 삶을 살고 있을 것 같지도 않다. 집으로 돌아간다면 분명 주변의 입살에 오를 것이 뻔하다.

대도시의 사람들은 매일같이 출퇴근을 하고 주말이 되면 친구들과 시간을 맞춰 모이곤 한다. 그의 동료들은 현지인이기 때문에 가족과 함께할 수 있지만 그렇지 못한 그는 늘 외톨이다.

그는 춘절에도 돈이 걱정되어 차마 집에 갈 수가 없다. 한번 집에 가는 데 몇 개월 치 월급을 쏟아 부어야 하는데다 집세, 의식주 및 교통비를 제외하고 나면 월급이 얼마 남지도 않기 때문이다.

이따금씩 그는 왜 지금 이렇게 힘들어하면서도 냉대받고 이상적이지도 않은 삶을 살고 있는지 도무지 알 수가 없다.

어쩌면 리하오란도 과연 어떤 삶이 이상적인지 모를 수 있다. 이상적인 삶이란 무엇인가? 화목하고 대출이 필요 없는 삶인가?

물론 이런 고뇌를 누구나 다 하는 건 아니다. 모든 사람에게 주어지는 기회는 다르니까 말이다.

당신이 외면당하는 이유 역시 어쩌면 자기 생각을 고집하느라 주변 사람들과 어울리지 못해서일 수도 있다. 생각이 다르면 함께 어우러지기 쉽지 않다 보니 당신은 외롭고 '다수'로부터 외면당할 운명일 수밖에 없는 것이다. 그러나 만약 온 세상이 당신을 외면한다면 그때는 스스로를 변화시켜야 한다.

목표 의식을 갖고 살아온 셰치우는 베이징에서 와 살며 이용당하고 괴롭힘당하면서 사회의 모진 맛을 보고는 번뇌에 빠졌다.

이후 남쪽 지방으로 간 셰치우는 이 지역의 사람들은 매우 상냥하고 신의를 중시해 반드시 받은 만큼 돌려줄 줄 안다는 사실을 알았다. 그리고 세상 사람이 모두 다 같지 않다는 점을 깨달았다. '화남에서 난 귤은 귤이고, 화북에서 난 귤은 탱자'라고 하지 않았던가. 우리는 자신이 어느 지역에서 환영받고 냉대받을지 아마도 결정할 수 있을 것이다.

마치 일부 사상가나 이론가들이 자기 나라에서는 외면받다가 오히려 다른 나라에서 큰 호평을 얻기도 하는 것처럼 말이다.

우리가 어떤 노력을 기울여도 누군가는 우리를 싫어하고 누군가는 우리를 좋아한다.

만약 어느 지역에서 냉대받는다면 '한 나무에 목매달지 말고' 다른 곳으로 가보자. 그곳에서는 새로운 인생이 열릴지도 모르지 않은가.

우리가 염두에 두어야 할 또 하나의 가능성은 우리가 냉대받는 이유가 자신의 부족함 때문일지도 모른다는 것이다. 그런 경우라면 스스로를 변화시켜 다른 이의 관심을 끌어내야 한다.

어떤 사람들은 생전에 유명세를 떨치지 못했더라도 사후에 추앙받기도 한다. 특히 음악계와 문학계에 그런 사람이 많다. 생전에는 작품이 알려

지지 않아 팍팍한 삶을 살고 세상을 하직할 때마저 주변에서 그리 애석해 하지 않았던 사람이었으나, 몇 년이 흐른 후에야 비로소 많은 사람들이 경악하며 말하는 경우도 있다. "그 사람은 천재였어!"

그리고 그제야 그 사람과 그의 작품은 뒤늦은 스포트라이트를 받는다.

그렇다면 왜 생전에는 외면당했던 그의 작품들이 그가 사라진 후에 인정받게 된 것일까?

그 이유는 바로 검증할 시간이 필요하기 때문이다.

노벨상 수상에는 살아있는 사람만이 수상할 수 있다는 규정이 있다.

이 때문에 이미 세상을 떠난 사람은 반론의 여지가 없이 위대한 업적을 남겼더라도 노벨상 수상의 영예는 안을 수 없다.

이런 냉혹한 현실에서 당신이 냉대받는 데는 아주 많은 원인이 있을 수 있다. 당신은 이런 고독함을 이겨낼 방법을 배워야 한다. 어느 누구도 기쁨만으로 가득 찬 인생을 살 수는 없다. 우리가 느끼는 기쁨의 시간은 찰나이고 나머지는 무한한 쓸쓸함으로 차 있을 뿐이니 말이다.

이 외로운 시간을 '때울' 방법만 연구한다면 자신의 인생을 무기력한 삶으로 전락시키는 것과 다름없다. 사실 누구에게도 외면당하지 않기는 어렵다. 그러므로 당신이 외면받는 근본적인 이유를 찾고 개선해야 할 것이다.

최고의 사랑은 없다.
단지 가장 잘 어우러지는 것일 뿐

실연, 많은 사람들이 경험해봤을 것이다. 결혼 전 실연을 당해보지 않은 사람은 거의 없을 것이다. 헤어지기 전에는 둘도 없이 다정한 모습으로 평생을 함께하겠노라 맹세한다.

하지만 집안의 반대, 성격 차이 등의 현실이라는 벽에 부딪혀 곧 예식장에 들어설 사이였다가도 한 순간에 제 갈 길을 찾아 떠난다. 그 헤어짐의 순간에는 이렇게 생각한다. '상관없어. 더 괜찮은 사람을 만나면 되지.' 그러나 결과는 어떠한가?

아마도 그보다 더 좋은 사람을 만나지 못했을 것이다. 그렇다고 해서 깨진 유리 조각을 다시 맞출 수도 없다. 피차 지나가는 인연이었을 테니 말이다.

아이린은 대학 졸업 무렵에 '운명의 남자'인 리우샤오를 만났다. 아이린은 쿨한 성격과 배려심을 갖춘 리우샤오에게 깊이 빠져들었다.

아이린과 리우샤오는 매주 주말 산책을 하고 나들이를 하며 맑고 찬란한 웃음으로 가득한 나날을 보냈다.

아이린은 이번 생에선 반드시 그와 결혼할 것이라고 믿어 의심치 않았다. 그러던 어느 날 아이린은 회사에서 대표와 큰 언쟁을 벌이고 울컥한 나머지 사표를 던지고 회사를 나왔다.

아이린은 누구보다 리우샤오가 위로해주길 바랐지만 때마침 집안에 사정이 있었던 리우샤오는 가장 먼저 달려오지 못했다. 이를 계기로 아이린은 리우샤오가 예전만큼 자신을 사랑하지 않는다고 생각하고 거리를 두기 시작했다.

리우샤오는 아이린을 찾아가 용서를 구했지만 아이린은 줄곧 본체만체했다. 리우샤오는 마음속으로 생각했다. '내가 집에 일이 일어있을 때 너도 한마디조차 묻지 않았잖아. 내가 이렇게 체면도 구긴 채 잘못을 인정하고 있는데 너는 어째서 계속 화만 내고 있는 거니. 게다가 일자리를 잃은 건 다 네 고집 때문이었고……. 나도 잘 생각해 봐야겠다. 우리가 과연 잘 맞는지…….'

리우샤오에게 오는 전화 횟수는 점점 줄어들었고 아이린 역시 연락하지 않았다. 그리고 얼마 후 아이린이 리우샤오에게 전화를 걸었다. 하지만 리우샤오는 아이린의 전화를 끊어버렸다. 당황한 아이린이 무슨 일이 일어난 건지 생각할 겨를도 없이 리우샤오가 보낸 문자메시지가 도착했다. "그만 헤어지자. 잘 지내길 바란다!"

아이린은 너무 화가 나서 문자에 욕을 써서 보내며 마지막에 이렇게 덧붙였다. "헤어지려면 헤어져. 누가 무섭대? 너보다 훨씬 잘난 사람 만날 테니 걱정 마!"

그러나 이후 아이린은 리우샤오보다 좋은 남자를 만나지 못했다. 비록 다른 사람의 입을 통해 리우샤오가 여전히 그녀를 마음속에 두고 있다는 이야기를 들었지만, 남자가 먼저 고개를 숙여야 한다는 아이린의 생각은 조금도 변함이 없었다.

끝까지 자존심을 세우던 아이린은 결국 리우샤오가 다른 여자와 결혼한다는 소식을 듣게 되었고 그제야 눈물을 쏟으며 후회했다.

우리는 아마도 정말 실연을 당했음을 알았을 때야 비로소 고통을 느끼는지도 모르겠다. 조금의 여지라도 있을 때는 무심한 척했다가도 말이다.

이때부터 당시의 기억은 추억이 된다.

실연을 하고 나면 영원히 고독하고 외로울까? 우리는 다른 사람을 만날 것이고 다시 새로운 감정을 받아들일 것이다.

장주원은 전 애인과 헤어진 후 새로운 사랑을 미루기만 했다. 그는 헤어진 이유를 물어보는 친구들에게 늘 이렇게 말했다. "없는 게 나아!"

장주원은 그의 반쪽이 세상 어딘가에서 자신을 기다리고 있을 것이며 나타나기만 한다면 친구들의 축복 속에 사랑의 불씨를 지필 것이라 굳게 믿고 있다. 이후 장주원은 역시나 그를 좋아하는 한 여성을 만났는데 전 여자 친구보다 훨씬 훌륭한 사람이었다.

친구들은 모두 축하하며 장주원에게 말했다, "기다린 보람이 있군. 안 그랬으면 전 여자 친구의 그늘에서 살 뻔했잖아."

인연이란 참으로 묘하다! 나와 꼭 맞는 사람을 만날 수 있을지는 어느 누구도 알 수 없다. 그런 만큼 우리는 지금 눈앞에 있는 사람의 소중함을 알고 절대로 놓치지 말아야 한다.

만약 누군가 당신과 힘겨운 시기를 함께 보내며 어떤 고난과 역경이 와도 기꺼이 함께하고자 한다면 설령 최고가 아닌들 무슨 상관이 있겠는가?

사람이란 평생을 기다릴 수만은 없는 법이다. 앉아서 기다리기만 한다면 아무런 소용이 없다.

배우자를 선택하는 기준은 점점 많아지고 또 까다로워질 것이다. 하지만 명심해야 할 한 가지는 자신도 최고의 상대가 아니라는 점이다. 그러므로 '완벽하지 않은 그 혹은 그녀'가 어쩌면 내게 가장 잘 어울리는 사람일지도 모른다.

만약 지금 누군가 당신과 마음을 나누고 무언가를 함께 하고 있다면 당신과 같은 곳을 향해 한발 더 내딛고 싶은 것이다. 무엇을 더 기다리겠는가!

누가 싱글이
부끄럽다 했는가

우리는 어린 시절 아무런 구속 없이 순수하고 낭만적인 세월을 마음껏 즐겼다. 우리가 조금씩 자라는 동안 운동장에서의 웃음소리와 잔디밭 위의 떠들썩한 수다, 하교 길의 달리기는 우정 속에 침착하였다.

어른이 되고 시간이 갈수록 어린 시절 함께했던 선생님, 동기들과 만날 기회는 줄어들고 새로운 친구, 낯선 사람, 거래처 파트너들과의 만남이 이어진다.

우리는 새로운 사람들과 함께 지내는 법을 배우지만 어린 시절처럼 함께 영화를 보고 밥을 먹으며 한가로이 시간을 보내긴 쉽지 않고 일을 하는 데 대부분의 시간을 소비한다.

결혼할 나이가 되면 자신의 짝을 찾아 예식장으로 들어가기도 하고 여전히 혼자의 삶을 살기도 한다. 그들은 왜 혼자인 걸까?

누군가 혼자 살고 있다면 마음에 쏙 드는 반쪽을 찾지 못해서 '없는 게 나아' 란 태도로 살고 있을 것이다. 또는 결혼 생각 없이 싱글라이프에 만족하며 살고 있을 수도 있다.

또 일부 사람들은 혼기가 차 누군가에게 구애했지만 상대방이 '비혼자'라는 이유로 거절했을 수도 있다.

팡야오는 이제 서른이다. 일도 어느 정도 자리 잡았고 주변에 팡야오에게 관심을 보이는 여성도 적지 않다. 하지만 애당초 결혼에 관심이 없던 팡야오는 자신에게 죽기 살기로 매달리는 한 여성에게 말했다. "저는 당신을 좋아할 수가 없어요. 제발 제 사생활을 방해하지 말아주세요."

반면 자신이 좋아하는 여성 앞에서는 애매한 태도를 보이다가 마지막에 한마디를 던진다. "난 단지 당신을 편한 친구로 생각합니다. 여동생 같은......." 이 말을 들은 상대는 낙담해 문을 박차고 나가고 만다.

어쩌다 꽤 괜찮은 아가씨를 소개시켜주면 상대를 똑바로 쳐다보지 않아, 곤혹스러워진 상대가 뒤도 돌아보지 않고 나가버린 적도 있었다.

자신의 싱글라이프에 만족하는 팡야오는 여자 친구도 아이도 전혀 원치 않는다. 우리는 이런 사람들을 '비혼족'이라 부른다. 만약 혼자가 편한 비혼족들에게 싱글라이프를 청산하라고 요구한다면 화를 내며 당신을 쫓아버릴지도 모른다.

어쩌면 결혼할 여건이 되지 않을 수도 있다. 한번 생각해 보라. 결혼을 하려면 집도, 차도, 돈도 있어야 한다. 빈털터리인데다가 적극적이지 않은 사람에게 '택배'처럼 친절히 찾아갈 이성은 그리 많지 않을 것이다.

물론 지금 싱글이더라도 과거에는 애인이 있었을 수도 있다. 그렇다면 마음속으로 누군가를 그리워하고 있을지도 모른다.

또 다른 경우는 결혼은 원하지만 주변 환경 때문에 어쩔 수 없이 못 하는 경우다. 늘 결혼보다 더 중요한 일과 사건들이 그의 손을 필요로 하다 보니 결혼은 늘 뒷전으로 밀린다. 이렇게 한 번 두 번 놓치면서 수년이 흘러가고, 조급함이 없는 사람이라면 평생 이어지기도 한다! 수많은 스타들이 마흔이 넘어서야 결혼하지 않던가.

이외에도 가족들을 돌보느라 인륜대사를 등한시했을 가능성도 있다. 책임감이 강한 이런 유형의 사람들은 때가 되어야만 싱글 생활에서 벗어날 수 있다.

싱글로 사는 원인은 아주 많다. 원해서든 아니든. 하지만 운명의 상대를 만났다면 더 이상 혼자 있지 않을 것이다.

대다수의 사람들은 결혼을 통해 홀로 사는 외로움과 고독함에서 벗어나고자 한다. 그들 중 일부는 비밀 결혼이나 급작스런 결혼을 하는 경우도 있다. 어떤 형태의 선택을 하든 후회하지 않는다면 그걸로 충분하다.

PART 5

희망은 결코
저버리지 않는다

모든 손해에는
보상이 따르기 마련이다

상사와 의견이 맞지 않다거나 상사의 미움을 샀다면 우린 어쩌면 '따돌림'을 당하거나, '박해', '강등' 또는 '좌천' 될 수도 있다.

그런데 우리는 오히려 서로를 기만하는 환경이 아닌 쫓겨 온 곳에서 더 편안함을 느낄 수 있다. 마치 자력갱생을 하는 옛날로 돌아온 것처럼 말이다.

'해가 뜨면 일하고 해가 지면 쉴 수 있는' 삶을 살며 못 먹고 못 살았던 시절에는 지금과 같이 걱정이 많지 않았다. 그때는 시간이 나면 좋아하는 일을 하거나 스스로에게 긴 휴가를 주고 대자연의 품에 안겨 쉬면 그만이었다. 그럼 봄의 꽃과 가을의 달빛 아래 청아한 바람, 그리고 아름다운 노을을 보다 가까이 느낄 수 있었다.

복잡한 세상에서 벗어나 자연의 여유를 한껏 누리고 난 후 현실로 돌아올 때는 패기와 줏대를 재무장하고 더욱 당당하게 살아갈 수 있었다. 사람이란 자유로울 수 있어야 잠시나마 근심걱정을 내려놓을 수 있다.

생각해 보라. 과거의 서슬 퍼런 위엄을 자랑하던 정승들도 세상이 어지러워지면 결국 평범한 일상으로 돌아오지 않았던가.

과거 굴원은 초 회왕(楚懷王)에게 충언을 했다가 쫓겨났고 단테는 교황의 내정간섭과 귀족계급이 정권을 잡는 것에 반기를 든 이유로 쫓겨난 후 죽음에 이를 때까지 자신의 고향인 피렌체로 돌아가지 못했다. 그러나 그들이 쫓겨났던 그 시기에 굴원의 대표작인 〈이소(離騷)〉가 세상에 나왔고 단테의 명작으로 손꼽히는 〈신곡〉이 탄생하기에 이른다.

역사를 돌아보면 위인들은 억압과 역경 속에서도 잠재력을 발휘해 천고불변의 업적을 일궈냈다.

어쩌면 우리도 이처럼 버려지거나 쫓겨날 수도 있는 상황을 받아들일 자세가 필요할 수 있다. 주변 사람이 당신을 어떻게 대하든 스스로를 아낄 줄 알면 되는 것이다.

아무런 이유 없이 해고당하고, 친구와 멀어지고 여기저기 떠돌면서 욕을 먹고 설교도 듣더라도 당신은 절대 그 구렁텅이에 빠져 허우적거려선 안 된다.

살면서 몇 번의 굴곡이 있으면 어떤가. 그런 어려움 속에서 당신은 의외의 소득을 얻을 수 있다. 잃는 게 있으면 얻는 게 있다. 밀려났다고 인생의 암흑기라고 말할 수는 없다. 이 경험에서 인생의 부침을 간파하고 인생을 바라볼 여유를 배울 수 있기 때문이다.

희망은 결코
저버리지 않는다

나무는 시들기 시작하면 다시는 꽃을 피우지 않는다. 하지만 일부 고목은 종종 시든 부분에서도 싹을 틔워 가지를 뻗어내고 꽃을 피운다. 그리고 다시 살아난다.

어떻게 새로 피어날 수 있을까? 사실 이 나무는 지표면에서는 '죽었지만' 뿌리는 아직 상하지 않아 '부활' 할 수 있었던 거다.

뿌리가 살아있다면 희망이 있는 거다!

당나라 시기 한 청년이 과거 시험을 보러 장안으로 떠났다. 누가 생각이나 했겠는가. 그러고는 돌아오지 못할 줄을. 주변에서는 과거에 합격한 청년이 부잣집에 장가를 가느라 노모를 팽개쳤다고 수군거렸다.

청년의 노모는 크게 실망했지만 먹고살기에 바쁜 나머지 겨우겨우 버티며 아들이 어서 빨리 돌아오기만을 기도했다.

하지만 이웃의 말처럼 노모가 백발이 되도록 청년은 돌아오지 않았다.

노모와 친분이 두터웠던 한 이웃은 한결같이 그녀를 돌봤다. 그 이웃은 그녀에게 말했다. "아들은 이미 어르신을 잊었어요. 더 이상 기다리지 않는 게 좋겠어요."

하지만 노모는 눈물을 흘리며 말했다. "우리 아들은 날 버리지 않아요. 내가 제 어미잖아요!"

이웃은 말했다, "듣기에 부잣집은 체면을 따진대요. 색시가 이렇게 가난한 시어머니가 있는 줄 알면 아들을 못살게 굴고 이혼하자고 덤빌 거예요. 그럼 아들은 비빌 언덕도 없어지고 앞날이 힘들어질 거예요!"

노모는 "우리 아들이 날 돌보러 돌아오지 않는 것도 또 다른 문제가 되겠지요."라고 짐작했으나 아들은 여전히 돌아오지 않았다.

노모는 지나친 걱정으로 결국 병을 얻었고 며칠 동안 차도 마시지 않으며 끼니를 걸렀다. 이웃들은 노모에게 더 이상 희망이 없다고 여겼다.

그러던 어느 날 이 노모가 일어나 앉더니 쉴 새 없는 눈물을 흘리며 말했다. "어젯밤 꿈에 동쪽 벽 쪽에 있는 고목나무에 꽃이 폈더라고요. 아들이 곧 돌아오려나 봅니다. 몸을 잘 추슬러야 아들이 속상하지 않을 겁니다."

세심한 이웃들이 동쪽 벽을 둘러봤더니 정말 하얀 눈 속에 찬란한 꽃가지가 모습을 드러내고 있었다. 마을 사람들은 기적이라 했고, 노모의 상태 역시 점차 호전되었다.

이듬해 봄이 되자, 노모의 아들은 역시나 돌아왔다. '권세 있고 돈 있는' 부인과는 이미 헤어진 지 오래되었고, 고향의 현관을 자청해 돌아온 것이었다. 그날 이후 극진히 어머니를 모시며 살았다.

　역사에서도 많은 사람들은 다른 사람이 '불가능'이라고 여긴 일을 '가능'으로 바꾸었다. 이젠 당신이 그 시기를 기다릴 수 있는지 여부를 볼 차례다.

　'고목나무도 봄을 맞듯이' 생기를 잃은 당신이 다시 일어나길 희망한다. 역경 속에서도 희망을 놓지 않으면 정말 기적이 일어날지도 모를 일이지 않은가

세상은 늘 당신을 위한
서프라이즈를 준비하고 있다

우리는 매일같이 서프라이즈를 기대하지만 현실은 무미건조하기만 하다. 그런 만큼 눈을 뜨면 출근하고 해가 지면 집에 돌아오는 반복되는 매일에 기대할만한 이벤트를 더해보면 어떨까.

누가 우리에게 서프라이즈를 선사해 줄까? 외로운 타향살이를 하는 우리에게 말이다.

홀로 산책을 하고, 나들이를 가고, 또 밥을 먹고 서점에 간다...... 고독한 그림자는 큰 길이든 좁은 골목길이든 어디에나 존재한다. 주변에 많은 사람이 있다지만 하나같이 어깨만 스치고 지나갈 낯선 사람들뿐이다. 서로를 모르는 우리는 굳이 인사를 나눌 필요도 없다.

우리의 삶은 이처럼 아무런 이벤트도 없이 흘러간다. 명절마저도.......

추이푸젠의 성격은 매우 내성적인지라 동료 말고는 아는 사람이 거의 없다. 홀로 출퇴근을 하고 주말에는 집에서 뒹굴거린다.

얼마 후 해고된 추이푸젠은 몇 달간 일이 없자 기존의 동료들과의 연락마저 끊어 버렸다.

많은 이들이 삼삼오오 몰려다니며 곳곳에서 왁자지껄했던 국경절 연휴에도 추이푸젠은 조금의 외로움도 느끼지 않았다. 오히려 싱글라이프를 즐기는 자신이 훨씬 낫다고 생각하며 언제나처럼 홀로 집을 나섰다.

이미 홀로 사는 삶에 익숙해진 사람들은 누군가와 함께 있는 게 오히려 불편하다. 이런 사람들은 '함께 어울릴 수 없는 사람' 으로 치부되어 혼자가 된다. 하지만 그들 스스로는 절대 처량하다고 생각하지 않는다. 왜냐면 그들은 이미 이런 생활이 익숙하기 때문이다.

서프라이즈 역시 그들에겐 그리 큰 의미가 없다. 누가 그들을 위한 서프라이즈를 준비하겠는가?

덩둥원은 타지에서 대학을 다니는 아주 독립적이고 강한 친구다.

최근 덩둥원의 아버지와 어머니가 해외로 가시면서 춘절에 친구들과 어울리라며 용돈을 주고 가셨다.

하지만 정작 춘절이 되자 동기들은 하나둘 집으로 돌아갔고, 학교 기숙사에 남은 건 덩둥원뿐이었다.

그런 덩둥원이 안쓰러웠던 경비 아저씨가 그에게 말했다. "내일이면 춘절인데 혼자 있으면 쓸쓸하잖아! 우리 집에라도 함께 가세."

덩둥원은 완곡히 거절하며 말했다. "감사하지만 사양할게요!" 그리고 홀로 기숙사로 돌아왔다. 썰렁한 방에서 부모님께 전화를 걸어 친구들과 함께 보내고 있으니 아무 염려 마시라고 전했다.

멀리 계신 부모님은 그의 말에 기뻐하며 마음을 놓으셨다.

전화를 끊고 나서 덩둥원은 마음속 깊은 곳부터 밀려오는 쓸쓸함을 느꼈다. 창밖을 보니 굴뚝마다 연기가 피어오르고 곳곳이 떠들썩했다. 누구보다 외로운 춘절이구나란 생각을 하며 TV를 볼 준비를 했다.

이때 '똑똑똑' 하는 노크 소리가 들렸고 덩둥원은 순간 얼음이 됐다. 춘절 전날 밤 누가 기숙사에 오겠는가? 경비 아저씨신가? 아니다. 조금 전에 춘절을 쇠러 집에 가시지 않았는가?

덩둥원은 이리저리 생각해보다 어쩔 수 없이 물었다. "누구세요?"

그러나 아무런 대답 없이 다시 '똑똑똑' 하는 노크소리만 들렸다. 덩둥원은 갑자기 무서운 생각이 들었다. 강도는 아니겠지? 기숙사의 출입문은 벌써 잠겼을 테고, 도둑이든 강도는 들어오기 쉽지 않을 텐데. 대체 누구지? 귀신이라도 만나는 건가?

덩둥원은 혼란스러운 마음에 갖가지 생각이 떠올랐다. 그는 마음을 가라앉히고 생각을 정리하며 숨을 깊게 들이마신 뒤 용기 있게 문을 열었다. 별안간 폭죽소리와 함께 샴페인이 터지고 문 밖의 사람들이 일제히 환호성을 지르며 박수를 쳤다.

그제야 놀란 가슴을 쓸어내렸다. 알고 보니 현지 동기들이 그와 함께 춘절을 보내기 위한 서프라이즈를 마련한 것이었다.

동기들은 쑥스러워하는 그의 손을 이끌어 새해 선물을 전달했다. 덩등원은 그들과 함께 저녁 식사를 하고 춘절 특별 공연을 보며 잊지 못할 춘절 전야를 보냈다!

이후 덩등원은 이 일을 떠올릴 때마다 자기도 모르게 눈물을 흘리곤 했다. 그건 다름 아닌 감동과 감격의 눈물이었다.

모든 사람은 내심 서프라이즈를 기대한다. 특히 홀로 있을 때 더욱 그렇다. 우리는 외로운 사람들에게 서프라이즈를 선사할 줄 알아야 한다. 큰 돈도 과한 마음도 필요 없다. 단지 함께라면 좋은 것이다.

우리가 다른 사람을 위한 재간둥이가 된다면 큰 기쁨을 줄 수 있고, 다른 사람들 역시 우리에게 그런 기쁨을 안겨줄 것이다.

서프라이즈로 기쁨이 두 배, 행복이 두 배가 되고, 곳곳에 이런 기쁨이 넘쳐난다면 당신의 삶은 더 이상 단조롭지 않을 것이다. 서프라이즈는 우리의 어두운 마음을 환하게 비춰주고 행운 가득한 삶으로 이끌 것이다.

당신 곁의
그 사람은 어떤가

좋아하는 사람은 눈에 띄지 않고 눈앞에 있는 사람은 마음에 들지 않는 경험은 누구나 한 번씩은 해봤을 것이다. 자신의 마음에 둔 사람을 찾기 위해 노력하고, 그런 사람을 만나면 조금이라도 더 다가가기 위해 선물도 하고 출퇴근을 함께 해주기도 한다. 또 밥을 먹으면 선뜻 지갑을 열며 상냥하게 묻기도 한다. "오늘 음식이 입맛에 맞으셨나요? 무슨 음식을 좋아하세요?" 또 여행을 할 때는 일부러 그들 곁에 서고, 배낭 가득 그들을 위한 물건을 채우기도 한다.

누군가를 사랑하면 만사를 제쳐두고 그 사람만을 바라보지만 마지막에 돌아오는 건 예상치 못한 거절일 수도 있다. 그럼 당신은 아마도 모든 것을 다 잃은 듯 펑펑 울며 왜 마음대로 되지 않는지를 되묻고 하늘을 원망할 것이다.

이처럼 속상해 할 때 당신 곁에서 더 서글퍼 하는 사람이 있다면, 그는 이미 오랜 전부터 묵묵히 당신 곁을 지키고 있었을 것이다. 단지 당신에게 고백하지 못했고, 당신 역시 눈치 채지 못했을 뿐이다.

혹은 당신이 상처받은 걸 알고는 비로소 당신 곁에 다가와 이렇게 따뜻하게 위로해주는지도 모른다.

어쩌면 당신은 상처가 다 치유되고 나면 당신 곁의 이 사람을 놓친 채 당신이 좋아하는 사람을 찾아 나설지도 모른다.

우리는 이렇게 나를 좋아해주는 사람에게는 소원한 채 우리가 좋아하는 상대에게만 집중한다.

쏜샤오천은 관우를 닮아 꽤 민첩한 구석이 있다. 특히 부잣집에서 태어난 만큼 늘 여유가 있어 고상한 군자님이라 불린다. 정말이지 보기 힘든 엄친아다.

그런 탓에 많은 여자들이 쏜샤오천을 좋아했지만 그는 '평범한 여성' 들에겐 조금의 관심도 주지 않고 한 스타를 좋아했다. 그런데 정작 결혼 생각이 전혀 없는 스타는 그에게 눈길조차 주지 않았다.

쏜샤오천은 그 스타의 마음을 얻을 수 있을 것이라 자신하면서 최선을 다해 그녀에게 구애했다. 그러나 그 스타는 쏜샤오천의 '괴롭힘' 을 견딜 수 없어 다른 남자의 팔짱을 끼고 와서는 쏜샤오천의 면전에 대고 말했다. "제발 절 존중해주시겠어요. 전 남자 친구가 있어요. 더 이상 연락하지 말아주세요."

그럼에도 쑨샤오천은 조금의 실망하는 기색도 없이 아직 결혼 전엔 아무것도 정해진 게 없는 만큼 자신이 그 남성에게서 그녀를 뺏을 수 있을 것이라 생각했다.

그러나 얼마 후 그녀의 소속사가 나서 쑨샤오천에게 전화를 걸어 말했다. "더 이상 저희 배우를 귀찮게 하지 않으셨으면 합니다. 그렇지 않으면 법적으로 대응하겠습니다."

쑨샤오천은 도무지 이해할 수가 없었다. 자신이 그 남성보다 뭐가 부족하단 말인가. 어째서 그 여배우는 자신을 싫어하는 걸까? 이런 생각으로 그는 하루 종일 우울했다.

쑨샤오천과 한 직장에서 근무하는 선옌린이란 여직원은 오랫동안 쑨샤오천을 좋아했지만 그는 전혀 관심을 주지 않았다. 그럼에도 선옌린은 바라는 것 없이 쑨샤오천을 위해 매일같이 청소를 해주고 아침을 사다줬다.

선옌린은 자신의 얼굴도, 가정형편도 평범하니 쑨샤오천이 좋아하지 않는 건 당연하다고 생각했다. 그래서 지금까지 그의 곁을 묵묵히 지켜온 것이다.

쑨샤오천은 그 스타에게 상처를 받은 뒤로 아주 오랫동안 쓰디쓴 아픔에서 벗어나지 못했다. 하지만 결혼을 독촉하는 부모님 탓에 쑨샤오천은 밸런타인데이에 한 사람을 골라 청혼해야겠다고 마음먹었다. 이 날이 오자 쑨샤오천의 미래의 신부가 누가 될지에 회사 사람들의 이목이 집중되었다. 엘리베이터가 열리자 환호성과 박수 갈채 속에서 쑨샤오천은 한 여성에게 반지를 건네며 한쪽 무릎을 꿇고 말했다. "나와 결혼합시다!" 그녀는 다름 아닌 선옌린이었다.

회사 사람들 모두가 놀라 어안이 벙벙해했다. 이렇게 차이가 나는 남녀의 조합이 가능하단 말인가? 이해하지 못하겠다는 표정의 사람들에게 쑨샤오천은 말했다. "선옌린은 늘 내게 잘해줬어요. 눈에 담아두고 마음속에 기억하고 있었답니다. 내게 진심인 여자는 오직 그녀뿐이었어요. 그래서 그녀를 선택한 겁니다. 내게 가장 잘 어울리는 신붓감이죠."

사람들은 대부분 자신의 곁을 지킨 사람을 선택하고, 자신의 마음을 받아주지 않는 상대는 포기하기 마련이다. 이는 아주 정상적인 일이다. 어떻게 자신만을 바라보는 눈앞의 사람을 소중히 여기지 않을 수 있겠는가. 그럼에도 대부분이 곁에 있는 이의 소중함을 몰랐다가 떠나고 난 후에야 후회하곤 한다.

상대가 결혼하지 않았다면 얼른 다가가 큰 소리로 외쳐라. "난 널 사랑해!"라고. 그럼 그녀는 분명 감동의 눈물을 흘리며 당신의 손을 잡고 행복한 모습으로 다른 이로 향했던 발걸음을 돌릴 것이다.

결혼식에서 주례는 신부에게 묻는다. "신부는 비가 오나 눈이 오나, 돈이 있거나 없거나, 건강하거나 아프거나, 기쁘거나 슬프거나 변함없이 신랑을 사랑하고 평생을 함께할 것입니까?"

이때 수만 가지 생각이 머릿속을 스치며 지금 내 곁에 있는 이 사람이 절대론 놓쳐선 안 될 사람임을 다시 한 번 되뇔 것이다. 그러지 않고 당신을 좋아하지 않는 사람과 결혼한다면 이후 당신 부부는 행복한 결혼생활을 할 수 없다. 이뤄질 수 없는 사랑을 위해 애쓰지 말자. 곰곰이 생각해 보면 누군가 당신 곁에서 묵묵히 당신을 기다리고 있을 것이다. 당신은 단지 그와 함께 할 수 있을 수도 있다는 가능성을 염두에 두지 않았을 뿐이다. 어쩌면 가장 잘 어울리는 한 쌍일지도 모르는데 말이다.

행복은 늘
당신 곁에 있었다

사람마다 '행복'에 대한 기준은 다르다. 하루 삼시 세끼를 먹고 안정적인 일자리와 편안한 가정생활에 행복을 느끼는 사람이 있는가 하면 권력을 손에 쥐고 세상을 쥐락펴락해도 행복하지 않은 사람도 있다.

행복이란 뭘까? 행복은 한 사람이 사랑하고 사랑받으며 얻는 기쁨과 만족 그리고 감사한 심리적인 느낌이다.

행복에는 많은 설명이 필요치 않다. 강제로는 생길 수 없는, 그저 누군가 마음 깊은 곳에서 느끼는 감정이다. 기분이 좋고 통쾌하면 행복하고 스트레스나 어떤 강압적인 요소가 있다면 행복하지 않을 것이다. 행복은 무형으로 존재하며 외부세계가 강제적으로 개입하면 반감이 일어나기 쉽다.

일부 낙후된 국가나 지역의 사람들은 행복하다고 세뇌 당하다보니 스스로도 가장 행복하게 살고 있다고 여긴다. 다른 국가나 지역의 사람들이 훨씬 더 풍요로운 생활을 하는 것을 목도하기 전까지는 말이다. 하지만 목도하는 순간, 그들의 불만이 시작된다. 자신들은 행복하지 않았었다!

어째서 자신이 행복하다고 여겼던 사람들이 다시 자신이 행복하지 않다고 말하는 것일까! 바로 비교해서다.

옛말에 '비교는 사람을 화나게 한다'는 말이 있다.

탈 벤-샤하르(Tal Ben-Shahar) 하버드대 심리학과 교수는 말했다. "행복은 비교할 수 없습니다. 지극히 개인이 느끼는 감정일 뿐입니다."

행복은 비교할 수 없고 비교하면서 느낄 가능성은 만무하다.

도우씨는 치우더쥔이란 청년에게 시집을 갔다. 원래는 이때부터 행복할 수도 있었다. 하지만 절친의 남편이 치우더쥔보다 잘생기고 능력도 좋다는 사실을 알고부터는 이리 봐도 저리 봐도 치우더쥔이 곱게 보이지 않았다. 이 때문에 도우씨는 치우더쥔을 귀찮아하며, '루저'로만 여겼다.

어느 날 절친의 집들이에 초대받았다. 절친과 그의 남편은 넓고 편안한 집에 살고 있었다. 그걸 보고 화가 머리끝까지 난 도우씨는 자신의 남편을 매섭게 쏘아보고는 마치 없는 사람처럼 대하며 절친 부부와만 담소를 나눴다. 도우씨는 절친을 한쪽으로 밀며 이렇게 훌륭한 남자에게 시집가서 좋겠다고 말하면서 자신의 남편은 한없이 깎아내렸다.

하루는 도우씨가 절친이 새로 이사한 집에 가져다 줄 것이 있어 막 현관에 들어서려는 찰나 절친이 땀을 뻘뻘 흘리며 바닥을 닦고 있는 모습을 보았다. 반면 절친의 남편은 소파에 다리를 꼬고 앉아 권세를 부리듯 끊임없이 부인을 불러대고 있었다. 그 모습은 마치 주인이 하인을 부리는 모양새와 다를 바 없었다.

당황스러운 도우씨는 집 안으로 들어가 절친의 남편에게 말했다. "당신 정말 냉정하군요! 어떻게 당신 부인을 이렇게 대할 수 있어요? 아끼고 사랑해줘야 하는 거 아니에요!"

절친 남편은 어이없다는 듯 말했다. "나는 이미 아주 많이 아껴줬어요. 그렇지 않고서 어떻게 이런 큰집에 살게 해줄 수 있겠습니까? 하루 종일 밖에서 일하고 왔는데 집안일까지 거들라고요? 가정주부가 집안 청소를 하는 건 당연한 거 아닌가요?"

그의 말을 들은 도우씨는 맥이 풀리는 듯했다.

도우씨는 돌아가 남편과 얘기를 나누며 남편이 비록 많은 돈을 못 벌더라도 도우씨을 아껴주고 자기 자신보다 도우씨를 더 사랑해주는 사람임을 새삼 느꼈다.

그녀가 원망할 일이 더 있을까?

행복은 다른 사람과의 비교를 통해 얻어지는 게 아니다. 배고플 때 누군가 내민 따뜻한 죽 한 그릇, 추운 날 누군가 벗어준 따뜻한 옷과 이불, 갈증 날 때 건네준 물 한잔, 슬플 때의 따뜻한 위로......

이것이 바로 행복이다!

행복은 아주 소소한 사랑을 주고받는 과정에서 싹튼다. 정말 행복해지고 싶다면 이런 소소한 행복을 놓쳐선 안 된다.

'작은 일' 이라도
함부로 간과해선 안 된다

우리는 종종 작은 일로 치부하고 관심을 두지 않고선 한참이 지나고 나서야 아주 중요한 일이었음을 깨닫는다. 이미 이 일은 지나갔고 더 이상 만회의 여지가 없음에도 말이다.

친구는 말한다. "네가 멀리 떠나있고 바빠도 내 결혼식에 얼굴 도장만 찍는다면 괜찮아." 하지만 어떤 때는 그 몇 시간도 나타나고 싶지 않기도 하다.

리장타오와 양칭은 대학 시절 아주 가까운 친구였다. 졸업 이후 한 명은 한국에서, 한 명은 쿠알라룸푸르에서 일하게 되었다. 두 사람은 떨어진 거리만큼 연락도 뜸해지다가 최근 몇 년 동안은 거의 연락조차 되지 않았다.

그러던 어느 날 리장타오가 양칭에게 전화를 걸어 말했다. "나 다음 달에 결혼해. 결혼식에 꼭 와줘!"

당시 양칭은 그러겠노라 하며 전화를 끊었다. 그리고 나서야 한동안 바쁜 일정이 잡혀있고 주머니 사정도 여의치 않다는 생각이 떠올라 그때가 돼서 다시 상황을 봐야겠다고 생각했다.

결혼식이 다가오면서 리장타오는 양칭에게 여러 번 전화를 걸었지만 꺼져있지도 않은 전화는 계속해서 연결이 되지 않았고 결혼식 당일조차도 양칭과 통화가 되지 않았다.

눈 깜짝할 사이 다시 몇 년이 흐르고 양칭 역시 결혼하게 되었다. 결혼식 당일 그는 축의금 명부에 한 친구가 더 있다는 사실을 알아차렸다. 그는 바로 대학 친구 리장타오였다.

너무 미안해진 양칭은 리장타오에게 전화를 걸어 말했다. "미안해, 널 초대한단 걸 깜박했어."

리장타오는 말했다. "괜찮아!"

"잘 지내고 있지?"

"아주 잘 지내고 있어!"

"고마워!"

"왜 그렇게 말해?"

"축의금 잘 받았어. 정말 미안하다."

잠시 침묵이 흐르고 리장타오가 말했다. "나 지금 너희 집 앞이야. 네가 반겨준다면 들어가고 그렇지 않다면 서울로 돌아갈게."

어느 누가 천리 길을 마다않고 온 친구에게 어떻게 결혼식에도 오지 말고 돌아가라 할 수 있겠는가? 양칭은 곧장 뛰어나가 리장타오를 안으로 안내하며 말했다. "왔구나. 어떻게 온다는 말 한마디 없었어?"

리장타오는 말했다. "혹시나 네가 반기지 않으면 어쩌나 싶어서."

"우린 오랜 친구잖아. 네가 오면 나야 영광이지!"

리장타오는 웃으며 말했다. "네가 그렇게 생각해 준다니 고마워. 하지만......."

양칭은 말했다. "지난번 네 결혼식에 못 가서 정말 미안해!" 말을 끝낸 양칭은 리장타오에게 예를 갖췄다.

리장타오는 말했다. "네가 내 결혼식에 못 온 일을 탓하는 게 아니야. 그런데 전화는 왜 피한거니?"

양칭은 뭐라 말해야 좋을지 몰랐다.

리장타오는 이어 말했다. "네가 그때 어려웠다는 거 알아. 그런데 말해 주지 않니? 내가 도울 수 있었을 텐데."

양칭은 민망해하며 말했다. "내가 전화번호를 바꿔서......."

리장타오는 마음을 가라앉히고 말했다. "전화번호를 바꾼 것도 괜찮아. 그런데 내게 연락하지 않았잖아. 난 그게 너무 서운해. 우리가 이렇게 오랜 친구인데 더 이상 나와 연락하고 싶지 않은 거니?"

양칭은 말했다. "미안해. 다시는 그러지 않을게."

리장타오는 말했다. "우리가 함께 공부할 때 넌 나이도 가장 어렸지만 가장 똑똑하기도 했어. 동기들 모두 널 무척 아꼈지. 나 역시 너를 내 친동생처럼 대했어. 누가 알았겠어. 너와 이렇게 연락이 닿지 않게 될지…….” 말을 이어가던 리장타오는 눈가가 촉촉해지자, 눈물을 닦으며 말을 이었다. “내가 왜 아직도 휴대폰 번호를 안 바꾸었는지 아니? 언젠가 네가 용기내서 전화해 주길 바랐어. 안타깝게도 하루 또 하루를 기다렸지만 네 전화는 오지 않더라. 네 결혼 소식도 다른 동기에게 들었고…….”

다 듣고 난 후 눈물범벅이 된 양칭은 말했다. “우리는 가장 좋은 친구야. 앞으로는 절대 연락 끊는 일 없을 거야.”

왜 중요한 일을 잊는 걸까? 그건 염두에 두지 않고 있기 때문이다. 그러다 종종 당신의 부주의로 말미암아 진심으로 당신을 아끼는 사람을 잃게 되기도 한다.

어떤 때는 중요한 일을 잊은 탓에 중요한 사람의 원망을 사기도 하고, 결과적으로 당신의 앞길에 생각지 못한 난관을 더하기도 한다.

그러므로 모든 일의 경중을 따져 중요한 사람과 일을 놓쳐선 안 되며, 자신의 부주의로 스스로를 ‘고독한 함정’ 에 빠뜨려서도 안 될 것이다.

PART 6

아직도 운에 대해
고민하는가

아직도 운에 대해
고민하는가

우리는 모든 일이 순조롭고 곳곳에 행운이 가득하길 바라는데 어째서 우리의 앞길엔 수많은 고난과 역경이 존재하는 걸까?

만약 당신이 줄곧 평탄한 길을 걷고 있다면 당신의 인생은 마치 평탄한 대로와 같아서 한눈에 저 멀리까지 보일 테니 더 이상 기대할 것도 없을 것이다.

그런데 만약 앞날에 숱한 어려움이 있다면 당신은 길가에 핀 잡초나 들꽃들도 들여다 볼 것이고, 발밑으로 흐르는 개울 소리에도 귀 기울일 것이다. 또 당신의 머리 위를 선회하는 새들을 보고 때론 우연히 '곤경 속에서 빛나는 서광'을 볼 수도 있으며, 진흙길도, 굽이진 길도, 쭉 뻗은 대로도, 꼬부랑길도 갈 수 있다....... 어쩌면 이런 길들은 당신의 모험심을 촉진하는 계기가 될 수도 있다.

이런 굴곡을 겪고 나면 당신의 인생은 한층 더 아름다워질 것이다.

많은 사람들이 재벌 2세, 스타 2세, 혹은 정계 2세를 부러워한다. 하지만 한 가지 당신이 놓친 것이 있다. 그것은 바로 소위 2세라 불리는 그들은 아주 일찍부터 정해진 길에 따라 마치 꼭두각시처럼 살아야 할지도 모른다는 점이다.

입혀주는 데로 입고 먹여주는 데로 먹고 사는 그들의 생활은 많은 사람들의 부러움을 산다. 하지만 어느 날 그들의 부모가 더 이상 그들을 돌볼 수 없게 되면 그들의 인생은 어떻게 될까? 제아무리 집안의 재산이 많다 한들 경험을 통해 축적한 인생 자산에 비할 바는 못 될 텐데 말이다.

과거 한 지주가 있었다. 그는 하나 있는 아들을 말 그대로 금이야 옥이야 하며 온실 속의 화초처럼 키웠다.

세월이 흘러 지주는 두 딸은 모두 출가시켰지만 병들어 몸져눕는 순간까지도 외아들의 신붓감은 찾지 못하고 있었다. 그는 병상에서 아들을 불러 세워 놓고 말했다. "너는 평생 써도 못 쓸 만큼의 재산과 능라금수가 있으니 내가 죽고 나면 현모양처를 찾아 잘 꾸려가도록 해라."

아들은 알겠다고 대답했다. 그리고 얼마 후 지주는 눈물을 머금은 채 이 세상을 뜨고 말았다.

누가 알았으랴. 아들이 부친의 말대로 현모양처에 박식하기까지 한 부인을 찾기는커녕 말도 안 되는 곳에 그 큰돈을 쏟아 부을 줄.

몇 년이 지난 후 아들은 가산을 모두 탕진하고 누이들을 찾아 구걸했다. 그러다 그나마도 여의치 않자 거렁뱅이가 되어 노숙을 하는 처지가 되었다.

당신은 아들이 운이 없다고 말할 수 있겠는가? 그는 부잣집에서 태어나지 않았던가? 당신은 아들의 운이 아주 좋다고 하겠는가? 그럼 어떻게 그 많은 재산을 탕진할 수 있단 말인가?

모든 일에는 양면성이 있다. 운도 변할 수 있는 것이다.

재수가 좋든 나쁘든 우리는 자신의 마음을 컨트롤해 시간과 공간을 통해 문제를 관찰하고 그 사물에 나타날 수 있는 극단적인 변화까지 고려해야 한다. 그래야만 강인한 심리적 수용 능력을 갖출 수 있다.

사물은 불변하는 존재가 아니다. 굴곡 없는 인생은 잔잔한 호수와 같다. 어느 날 갑자기 '운'이라는 돌멩이가 날아든다면 소리 없이 흔들리며 무한한 허튼 꿈을 품을지도 모른다.

믿을 수 있는 것은
운명이 아니라 나 자신이다

왜 사람들은 제각각일까?

어떤 사람들은 자신이 부잣집 출신이 아니고, 부자 아빠가 없어 비빌 언덕이 없음을 한탄하며 원망 가득한 마음으로 평범한 인생을 살아간다.

반면 운명을 거부하는 사람들은 수단과 방법을 가리지 않고 자신의 운명을 개척하기 위해 노력한다. 그들은 최선의 노력을 기울이고 온갖 고생을 한 결과 사람들 위에 군림하는 위치에까지 올라 세간의 부러움을 사는 인생을 산다.

현실은 이처럼 냉엄하다. '승자는 왕이 되고 패자는 도적이 된다' 고 했다. 운명을 개척하는 자가 성공하고 그러지 못한 사람은 조롱거리로 전락한다. 바로 이런 이유로 많은 사람들이 운명에 불만을 품으면서도 차마 용감하게 맞서지 못한다. 하지만 변화하지 않는다면 인생 역전의 기회는 영원히 오지 않는다.

변화를 추구해야만 언젠가 환골탈태할 수 있다. 이런 변화과정이 고행이 될지라도 잠깐의 게으름으로 인한 참담한 패배를 맛볼 순 없지 않은가.

한 젊은이는 주변 환경이 늘 불만이었지만 바꿔 볼 여력이 되지 않자 그곳을 떠나 다른 지역에서 아름다운 생활을 할 수 있기를 바랐다. 하지만 새로운 곳에서도 불만스러운 일 투성이었다. 그는 결국 '온 세상의 까마귀는 모조리 다 검다'라며 세상에 대한 분노에 빠져 살았다.

우리가 다른 사람을 바꿀 수는 없지만 스스로를 바꿀 수는 있다. 분명 '운명을 아는 자는 하늘을 원망하지 않는다.'라고 했건만 우리는 반성할 수 있는 많은 기회들을 놓치고 단순히 모든 것은 이미 정해져 있을 것이라고 믿고 만다. 이렇다 보니 어처구니없고 무례한 일을 당해 놓고도 자신의 소리를 맘껏 내지 못한다.

사실 우리가 운명을 인정하지 않아야만 변화의 기회를 잡을 수 있다. 하버드대나 예일대, 프린스턴대 등의 세계 일류 대학들은 학생들에게 유일하고 독립적인 정신을 가르친다. 학생들이 기존의 상식에 대해 아니라고 말하고, '반항' 정신으로 무장하여 세상을 바꾸도록 말이다.

마음에 들지 않는 상황을 바꾸겠다고 아무 일이든 벌여선 안 된다. 그럼에도 수단과 방법을 가리지 않고 바꾸려 든다면 누군가 경멸의 시선을 보낼 테고 결과적으로 새로운 도약과는 멀어지게 될 것이다.

꿈도
재단해야 한다

아무런 제약 없이 자유롭게 살길 바라는 우리는 세상이 뜻대로 움직이길 바란다. 하지만 세상사는 그리 간단하지 않다. 어느 누구도 이 세상을 혼자 살아갈 수 없고, 세상은 그 어떤 누구의 소유도 아니다. 그렇기에 우리가 생각하는 대로, 원하는 대로 세상이 돌아갈 수는 없다.

우리는 반드시 자연의 섭리에 따르고 다른 사람과의 공존 속에서 발휘할 수 있는 자신의 능력을 파악해야 한다. 피 끓는 청춘인 우리는 자신의 포부를 양껏 펼치고 싶지만 포부와 이상을 실현하려면 우선 실천이 필요하다. 현실적이지 않은 이상은 환상에 불과할 뿐이다.

어린 시절부터 공상과학영화에 푹 빠져 지냈던 장즈원은 외계인처럼 우주선을 타고 드넓은 우주를 유영하길 꿈꿨다.

훗날 그는 미국이 1961년에 '아폴로계획'을 실시할 예정이고, 얼마 후 순조롭게 달 착륙에 성공했다는 소식을 들었다.

장즈윈은 달에 착륙한 미국인이 처음 본 사람은 분명 선녀일 것이라고 추측했다. 왜냐하면 그는 아주 어릴 적 누나에게 달나라에 가면 예쁜 선녀가 산다는 얘기를 들었기 때문이다.

당시 그는 밝은 달을 보면서 미래의 어느 날 자신도 선녀와 만날 수 있을 것이라 생각했다.

그러나 얼마 지나지 않아 누군가 그의 이런 유치찬란한 생각에 찬물을 끼얹었다. 달에는 고지, 평원 혹은 분지일 뿐인데 무슨 달나라! '아폴로'의 달 착륙 계획은 달은 사람이 살기 부적합한 공간이라는 것을 증명해 주었다.

순간 멍해진 장즈윈은 선녀가 다른 행성으로 이사를 갔을지도 모른다고 생각했다. 누군가는 장즈윈의 이런 생각을 비웃으며 선녀는 외계인처럼 우주를 유영할 수 없다고 말했다.

하지만 장즈윈은 줄곧 언젠가 기적이 일어날 것이라 믿었다. 많은 해가 지났지만 그는 아직 기적을 보지 못했고 주변 사람들은 그를 더 비웃었다.

우리는 새로운 시각을 원한다. 설령 상식을 벗어난다고 생각하더라도 말이다. 물론 지나치게 비현실적인 생각이어선 안 되지만 말이다.

그런데 왜 이런 생각들은 언제는 인정받고 언제는 반대에 부딪힐까? 또 '진리'라 여겨졌다가도 후에는 돌연 '괴변'이 되는 것일까?

우리는 이러한 것들을 바꿔보고자 시도했었다. 그러나 어른이 된 후에야 비로소 우리가 세상을 바꾸는 게 아니라 세상이 우리를 바꾸는 것임을 깨달았다.

젊은 시절에는 바람을 원하면 바람이 비를 원하면 비가 내릴 것 같았다. 하지만 이건 단지 아름다운 기도에 불과하다. 실제 의미는 젊은 시절에 열심히 일해 기반을 다져야 함을 알려주는 것이다.

성치도 않은 나무줄기를 억지로 잡아당기면 훌쩍 커버리기는커녕 오히려 시들어 죽는다.

바람과 비를 컨트롤할 수 있을 거란 허무맹랑한 생각은 접어두고 능력을 갖춰야만 훗날 후회할 일이 줄어들 것이다. 사람은 마땅히 자연의 섭리대로 살아야만 멋지고 편안한 삶을 살 수 있다.

모험도 손해도
겁내지 말자

우리는 늘 득과 실을 따진다. 우리가 잃는 것 보다 얻는 것이 많다면 기쁠 것이고, 잃는 것이 많다면 속상할 것이다.

누구나 많이 얻길 원한다. 하지만 세상일이란 얻는 게 있다면 잃는 게 있기 마련인지라 잃는 게 없으면 얻는 것도 없다. 만약 선택의 기회가 주어진다면 우리는 많이 얻고 조금만 잃는 것을 선택할 것이다.

만약 모두가 얻기만을 바란다면 어디서 얻을 수 있을까? 얻는 게 잃는 것보다 많은 경우는 꿈같은 얘기일 뿐이다. 어떤 상황에선 얻는 게 잃는 것보다 적은 경우도 있다. 그런 경우라면 맹자가 말했듯이 생선과 곰발을 모두 가질 수 없는 것과 같은 것이다. 때론 두 가지 가운데 반드시 하나만 선택해야 할 수도 있다.

허창장은 열기구를 타고 하늘에 떠있었다. 구름이 손에 닿을 만큼 높이 올라간 열기구 옆으로 기러기 떼가 날아갔다. 들뜬 허창장은 열기구에서

도시 전체를 내려다보며 카메라를 꺼내 들고 신나게 기념사진을 찍었다.

그런데 갑자기 열기구가 정면에서 날아온 독수리와 부딪히고 말았다. 열기구는 빠른 속도로 추락하기 시작했다. 허창장은 놀란 가슴으로 다급히 엔진을 조정해보았지만 열기구는 계속해서 아래로 떨어지고 있었다.

허창장은 결정을 해야 했다. 열기구 안의 남은 물건을 밖으로 던질지 아니면 숲에 추락할지를 말이다. 많은 생각을 할 겨를도 없이 허창장은 열기구 안에 필요 없는 물건들을 밖으로 내던졌다.

중량이 줄어든 열기구는 그제야 조종이 가능해져 다시 하늘 위로 올라가기 시작했다.

짧은 순간 생사를 선택해야 할 때는 절대 주저하지 말고 과감한 결정을 해야 한다.

탕샤오린은 소개팅을 통해 만난 두 명의 아가씨에게 모두 호감이 있었지만 한 명만 선택할 수 있었다.

얼마 뒤 그의 친구가 그에게 물었다. "내가 보기엔 두 명 모두 괜찮던데. 어떻게 한 명을 고른 거야?"

탕샤오린이 말했다, "사실 누가 더 나은지 나도 잘 모르겠어."

"정말 어렵다."

"어찌 되었든 결국 한 사람만 선택해야 하니까. 괜히 고민하는 것보다 깔끔하게 한 명을 선택하는 게 나을 거야."

많은 처녀, 총각들이 미루고 미루다 결국 노총각, 노처녀 신세로 전락하곤 한다. 만약 누가 더 좋을지 선택하기 어렵다면 마음이 기우는 대로 가는 게 맞다.

선택의 기회가 없다면 어떻게 해야 할까?

선택을 하는데 많은 시간과 기회가 주어지지 않다보니 어쩔 수 없이 받아들이는 경우가 많다. 좋은 일이든 나쁜 일이든 하늘이 결정하듯 이런 일들은 우리의 뜻대로 되지 않는다.

한명치의 남편이 세상을 떠나자 그를 알던 친지와 지인들이 너무나 애통해했다.

그런데 그를 가장 깊이 사랑했던 한명치는 오히려 의연한 태도를 보였다. 그러자 한 지인이 물었다. "명치, 그렇게 남편을 아끼고 사랑했으면서 어떻게 조금도 슬퍼하지 않고 눈물도 흘리지 않는 거니?"

한명치는 말했다. "그는 이미 떠났어요. 제가 운다 해도 그는 돌아오지 않아요."

"우리는 네가 걱정이이구나. 남편이 떠나고 이제 아이들과 너뿐인데. 어떻게 할 생각이니?"

한명치는 말했다. "저흰 행복하게 잘 살 거예요."

지인들은 한명치가 극도의 슬픔에 잠겨 이렇게 말하는 거라고 생각했다.

시간이 흐르고 한명치의 아들은 대기업의 사장이 되었고 다른 아들 역시 큰상을 수상했다. 그들의 운명은 한명치의 낙관적인 태도에 의해 변한 것이었다.

한명치는 말했다. "모두 아이들이 노력한 결과예요. 애들 아버진 볼 수 없지만 저도 이제 마음을 놓을 수 있겠어요."

자유로운 선택을 할 때 대부분의 사람들은 우선 얻는 것을 선택하고 잃는 것을 선택하기 마련이다. 하지만 많은 경우는 잃어야만 더 좋은 것을 얻게 된다.

누군가 한 남자아이에게 1달러와 50센트를 보여주며 더 큰 금액을 골라 보라고 하자, 아이는 곧 말했다. "50센트가 더 커요!"

누군가는 남자아이를 바보라 여기며 그 50센트를 주었다.

다른 누군가가 마음에 들지 않는 듯 물었다. "너는 1달러와 50센트도 구분 못 하니?"

남자 아이는 말했다. "만약 제가 정확하게 구분했다면 그 사람은 저와 내기를 하지 않았을 거예요. 그랬다면 전 50센트를 절대 벌 수 없었겠지요."

이 남자아이가 바로 미국 현대 성인 교육의 아버지이자, 20세기 위대한 학자인 데일 카네기다.

눈앞의 손해와 미래의 이득도 예측하기 어려운데 그 크기를 어찌 예측할까. 하지만 얻는 것이든 잃는 것이든 우리는 두려워하지 말고 담담하게 받아들이는 법을 배워야 한다.

잘 맞는 사람과
함께해야 행복하다

누군가 결혼은 자유로운 생활의 끝을 의미한다고 했다. 신경 써야 할 일도, 걱정할 일도 많아지기 때문이다. 연애할 때야 두 사람이 배만 부르면 되고 집안일엔 굳이 관여할 이유가 없었지만 결혼 후에는 서로를 존중해야 할 뿐 아니라 양가 부모님 그리고 아이들까지 돌봐야 한다.

물론 아이를 낳는 사람도 있고 낳지 않는 사람도 있으며 또 일부는 아이를 원하지만 뜻대로 되지 않는 경우도 있다.

천스웨이와 청링은 결혼 6년차다. 아직까지는 아이가 없다. 주변에서 두 사람의 자녀 계획을 궁금해 하면 천스웨이는 이렇게 답한다. "지금 가정생활만으로도 스트레스가 많아요. 나와 청링의 지금 형편으로는 아이에게 좋은 교육과 환경을 마련해줄 수 없어요. 그래서 몇 년 후에 아이를 가질 예정입니다. 그럼 아이는 좀 더 나은 환경에서 자랄 수 있고 우리 부부도 둘만의 시간을 충분히 즐길 수 있을 겁니다."

같은 질문에 청링은 이렇게 말한다. "사실 저는 아이들을 좋아해요. 하지만 주변의 동료들이 아이를 낳고 나서 살도 빠지지 않고, 보모처럼 사느라 예전의 생활리듬은 완전히 잃어버리더라고요. 그래서 좀 두렵기도 해요. 그래서 남편과 이런 두려움이 사라지고 난 후에 건강한 아이를 갖기로 했죠."

행복이란 꼭 세 가족을 이뤄야만 가능한 건 아니다. 두 사람의 생각만 맞는다면 아무 문제될 게 없다.

뤄싱과 황멍친은 막 아이가 태어났을 때만해도 나란히 핀 연꽃 한 쌍처럼 세상 어느 부부보다 서로를 아끼고 배려했다.

하지만 몇 년 동안 살림과 육아에 전념하느라 지친 황멍친의 외모는 볼품없어졌다. 반면 뤄싱은 사업이 승승장구하면서 미모의 여성들에게 둘러싸여 지냈다. 그러다보니 황멍친과 뤄싱의 사이는 날이 갈수록 멀어지기 시작했다.

매일같이 늦게 귀가하던 뤄싱은 이젠 트집을 잡아 월급봉투도 가져다주지 않고, 설령 집에 오더라도 잠만 자고 나갈 뿐이었다.

하루는 뤄싱이 미모의 여성을 데리고 집에 와서 황멍친에게 말했다. "우리 이혼합시다. 난 다른 사랑을 시작했소."

황밍칭은 순간 멍해졌다.

결국 황밍친과 뤄싱은 오랜 분쟁을 거쳐 아이는 뤄싱이 맡기로 합의하고 이혼 도장을 찍었다. 황밍친의 지난 몇 년간의 희생은 모두 수포로 돌아갔고 아무것도 남은 게 없었다.

황밍친은 오랜 시간 눈물을 흘리며 찢어지는 가슴을 부여잡고 이 집을 나서 새로운 사업을 시작했다.

몇 년이 지난 후 황밍친은 천하를 주름잡을 만큼의 슈퍼우먼이 됐다.

이때 전남편 뤄싱이 그녀를 찾아와 재혼 얘기를 꺼냈다. 알고 보니 '공주'로 살고 싶었던 새 부인은 집안 살림과 현실적인 결혼 생활에 불만을 토로하기 시작했고 그러다 보니 둘 사이는 좋을 리 만무했다.

그뿐만 아니라 새로운 부인과 아들의 사이가 좋지 않아 새 부인은 늘 뤄싱을 협박하며 말했다.

"아들이에요, 나예요? 둘 중 하나만 택하라고요!"

새 부인과 아들 사이에서 어려운 선택을 해야 할 때마다 뤄싱의 머리는 깨질 듯이 아팠다. 그러는 동안 그는 매우 지쳤고 깊은 후회를 하면서 자신에게 어울리는 사람은 황밍친이었음을 깨달았다.

그래서 뤄싱은 직접 황밍친을 찾아가 '사죄'를 했다.

황밍친은 말했다. "우리는 이미 불가능해요! 난 지금 생활에 아주 만족해요. 가정주부였던 과거로 돌아가고 싶지 않아요......."

연인 간에도 다툼이 일어날 수 있지만 대화를 통해 충분히 해결할 수 있다. 하지만 결혼한 부부 사이에 원칙적인 문제가 발생했다면 함께하는 것보다 헤어지는 게 훨씬 나을 수 있다. 그럼에도 양측이 포기할 수 없는 이유는 바로 그들의 사랑의 결실인 아이가 있기 때문이다. 그러니 끊어진 듯 보여도 끊어지지 않는 것이다. 그들의 이혼으로 가장 불행하고 큰 상처를 받는 건 바로 아이가 될 테니까 말이다.

사람들은 예술가 엄마와 해외에서 사업을 하는 부자 아빠 사이에서 태어난 치궈펑을 몹시 부러워했다. 하지만 사람들의 예상과 달리 치궈펑은 이렇게 말했다. "나는 행복하지 않아요. 부모님은 불과 물처럼 안 맞았어요. 저는 부모님과 같이 오랜 시간을 보내고 싶었지만, 아빠도 엄마도 잠깐씩밖에 못 봤어요! 저는 부모님과 항상 함께 할 수 있는 친구들이 부러워요. 부모님과 함께할 수 없는데 눈앞의 산해진미와 호화별장이 무슨 소용이 있겠어요."

쉽게 이혼해선 안 된다. 두 사람이 함께 가는 길이 힘들더라도 우리는 그 인연을 소중히 해야 한다. 자신과 잘 통하고 함께 웃을 수 있는 가치관이 비슷한 사람을 배우자로 고르는 것이 최고의 선택이다.

나쁜 습관은
싹을 잘라야 한다

'완전한 순금이 없듯이, 완벽한 사람도 없다' 라는 말이 있다. 우리는 완전무결을 추구하지만 늘 작은 결점이나 단점이 있기 마련이다.

만약 작은 단점을 내버려 둔다면 시간이 흐르면서 큰 위협으로 변질될 수 있다.

그러므로 지금은 비록 완벽한 사람이 될 수 없더라도 조금씩 자신을 바꾸고 부족한 점을 개선하는 노력을 기울여야 한다.

차오창홍의 아버지는 아주 어린 시절 돌아가시고 홀로 된 어머니는 산전수전을 겪으며 그를 키웠다. 어머니는 차오창홍이 어른이 되면 세상을 잘 이해할 것이라 생각했지만 그는 어머니의 말을 듣기는커녕 어머니가 화날 일들만 벌였다.

어머니는 이웃에게 한탄하며 말했다. "혼자 저 녀석을 키우느라 얼마나 힘들었는지 몰라요. 그런데 이제는 다 컸다고 제가 필요 없다고 하네요. 그 녀석은 제멋대로만 살면서 왜 제 마음을 몰라주는 걸까요?"

이웃은 말했다. "차오창홍의 또래들은 다 컸다고 더 이상 속 썩이는 일이 없던데. 창홍은 왜 그럴까요?"

차오창홍의 어머니는 말했다. "이제 다 큰 거 같은데. 전 어른이 되면 세상사를 이해할 거라 생각했는데. 어찌된 일인지 점점 세상물정을 더 모르는 것 같아요......."

이웃은 말했다. "다시 잘 생각해 보세요. 어디가 변했는지요."

어머니는 말했다. "어릴 때부터 아비가 없어 사랑이 부족했어요. 게다가 혼자 키우다 보니 너무 고생스러웠고 많이 안쓰러워했어요. 하루는 남의 채소를 훔쳐왔는데 그땐 작은 일이라 생각하고 혼내지 않았어요."

"조금 지나서는 친구 책가방을 또 훔쳐왔어요. 친구들 같은 가방을 못 사줬거든요. 그래서 그때도 용서해줬죠. 그 다음에는 자전거를 또 훔쳐왔더라고요....... 저는 자전거가 없어서 그런가 보다 하고, 못 본 척하고는 제가 물어줬죠. 모두 그 녀석을 위해서였어요. 그런데 며칠이 지나서 아들이 제게 이렇게 말하더군요, '앞으로 관여하지 마세요. 내가 죽든 살든 엄마랑은 관계없어요!' 라고요. 너무 당황스러웠어요. 어떻게 그렇게 말할 수 있죠? 대체 얘가 왜 그러는지. 왜 그런 말을 했는지. 정말 마음이 찢어지는 것 같았어요!"

어머니의 말을 다 들은 이웃은 말했다. "모두 당신이 자초한 일이군요!"

"왜 그렇게 말씀하시나요?"

"생각해 보세요. 아주 어렸을 때부터 '도둑질'이란 나쁜 버릇이 있었어요. 그런데 당신은 다시는 못하도록 혼내지는 않고 오히려 종용한 셈이에요. 아이의 나쁜 버릇은 점점 심각해지고 일상이 돼버렸어요. 훔치는 물건도 점점 커지고 횟수도 늘어난 거죠. 바늘도둑일 때 혼을 내지 않으면 소도둑이 되기 마련이니까요! 그때가 되면 그 누구도 도와줄 수가 없어요!"

어머니는 지난 일을 하나하나 되짚어 보았다. 이웃의 쓰디쓴 지적을 들은 어머니는 모두 자신에게 잘못이 있음을 깨달았다. 자신의 작은 잘못이 지금의 이런 큰 변을 만들었음을 말이다. 이제는 그저 만회의 여지가 있는지조차도 모를 뿐이었다.

〈삼자경〉에서는 '양부교부지과(養父敎父之過), 교불엄사지타(敎不嚴師之惰)'라 했다.

아이가 잘못하면 아이의 잘못만을 탓하지만 그 근본을 살펴보면 훈육에 문제가 있었음을 발견할 수 있다.

그러므로 우리가 솔선수범하고 아이의 본보기가 되어야 한다. 만약 우리 자신이나 아이에게 문제가 발견되면 그 즉시 '치료'를 해 더 큰 대가를 치르지 않도록 미연에 방지해야 한다. 사람에게 가장 두려운 것은 바로 후회다. 아주 소소한 나쁜 버릇이라도 문제를 인식하고 싹부터 잘라버려야 미래에 포악성을 드러낼 일을 만들지 않을 수 있다.

나쁜 습관을 고치고 더 이상 반복하지 않는다면 그때부터는 환골탈태하여 온몸이 활기로 가득찰 것이고 주변에서도 자연스레 당신을 다시 보게 될 것이다.

웨이샤오옌은 '집돌이(은둔형 외톨이)'를 매우 혐오했다. 그녀는 집돌이들은 하루 종일 집 안에 틀어박혀있고 취미도 없이 외모나 차림새는 신경도 쓰지 않는 지저분하고 현실감 없는 사람이라고 생각했다.

결론적으로 그녀는 집돌이들은 아주 안 좋은 습관들을 가진 사람들이므로 절대 집돌이들과는 만나지 않겠다고 다짐했다.

그런데 제궈원이라는 집돌이가 웨이샤오옌을 매우 좋아했다. 하지만 그는 말 그대로 웨이샤오옌이 생각하는 모든 '결점'을 다 가진 사람이었다.

그는 공공장소에서 대담하게 웨이샤오옌에게 구애했지만 그녀는 아주 냉정하게 거절했다.

제궈원은 또 아주 낭만적인 방법으로 웨이샤오옌의 집 앞에서 구애도 해봤지만 웨이샤오옌은 창밖으로 냉수를 부으며 그에게 말했다. "정신 좀 차리세요. 정말 성가시네!" 그러고는 '쾅' 소리를 내며 창문을 닫았다.

매번 웨이샤오옌의 냉대를 받은 제궈원은 그녀가 왜 자신의 진심을 몰라주는지 알 턱이 없었다. 그러다 문득 거울 속의 털이 덥수룩한 자신을 보고서야 머리를 쥐어뜯으며 울부짖었다.

그날 이후 제궈원은 기피대상 1호였던 '집돌이'의 모습을 벗어던지고 모두가 주목하는 사람으로 180도 탈바꿈했다.

웨이샤오옌 역시 변화된 그의 모습을 보고는 어안이 벙벙했다.

그리고는 모두가 주목하는 이런 남신의 사랑을 아주 기꺼이 받아들였다.

결혼한 이후 제궈원은 웨이샤오옌에게 말했다. "당신을 사랑해요. 당신을 위해서라면 무엇이든 다 바꿀 수 있어요!"

웨이샤오옌은 민망해하며 말했다. "사실 나는 집돌이는 아주 별로라고 생각했어요. 난 단정하고 깔끔한 사람이 더 좋아요."

나쁜 버릇이나 습관은 쉽게 고쳐지지 않아 훗날 당신의 발목을 잡을 수도 있다. 만약 지금의 자신이 불만족스럽다면 당신도 변화를 모색해야 한다. 그래야 당신에 대한 다른 사람의 시선에도 변화가 나타날 것이며 생각지도 못한 서프라이즈가 당신을 기다릴지도 모른다.

또한 나쁜 버릇이 줄어든 당신이라면 더 많은 사람들과 함께 전보다 많은 기쁨과 행복을 누릴 수 있을 것이다.

PART 7

만족하지 않아야
노력한다

부모님의 기대는
당신의 발전을 위한 동력이지
걸림돌이 아니다

우리가 태어나 제일먼저 대면하는 사람은 바로 부모님이다. 그들은 우리에게 큰 기대를 걸곤 한다. 우리가 이 세상에 나온 그 시점부터 우리에 향한 그들의 사랑은 시작된다. 우리에게 이름을 지어주고, 말과 걸음마를 가르친다. 친구에게 '괴롭힘'이라도 당했을 때에는 제일 먼저 나서 그 친구를 혼쭐내준다. 우리가 가장 좋아하는 게 무엇인지 기억하고 우리가 이루고자 하는 것을 해낼 때마다 격려를 아끼지 않으며 우리가 원하는 것은 뭐든 해주고자 노력한다.

비가 오거나 눈이 오는 날이면 학교로 나와 우의와 장화, 우산을 가져다주고 새벽녘 이불이라도 걷어차면 조용히 문을 열고 들어와 살며시 덮어준다. 부모님은 우리에게 정직함과 선량함을 가르치고, 우리가 훗날 훌륭한 재목이 되길 바란다. 어른이 된 이후에라도 우리의 일거수일투족에 부모님은 조마조마한다.

우리가 어딜 가든 부모는 걱정이 앞선다.

이처럼 우리의 일생은 부모와 떼려야 뗄 수 없는 관계로 이미 정해져 있다. 그럼에도 나이가 들고 머리가 굵어지면 부모의 '관심'에서 벗어날 수 있는 방법 '을 고민한다.

점점 부모와 소통할 기회는 줄어들고 우리는 독립적인 행동이 익숙해진다. 그런데 혹시 부모님의 감정을 생각해 본 적이 있는가? 자신의 아이가 평범하기만을 바라는 부모는 세상 어디에도 없다. 그들은 모두 내 아들이, 내 딸이 최고가 되기만을 바란다.

어릴 적 부모님의 곁에 꼭 달라붙어 어른이 되면 부모님보다 더 잘 살겠노라고 말했던 당신의 약속은 벌써 잊은 것인가?

어떤 사람들은 냉혹한 사회에서 자신을 돌보는 것만으로도 벅찬데 부모님의 기대를 실현할 시간이 어디 있겠느냐며 자위한다.

물론 부모가 기대하는 사람이 되기란 쉽지 않겠지만 최소한 훌륭한 인생을 살기 위한 노력을 게을리 해서는 안 된다. 그래야만 부모님의 걱정도 덜어드리고 그 뜻에 한걸음 다가갈 수 있다.

배움이 짧은 스샤오카이의 부모님이 바라는 건 오직 스샤오카이가 굶지 않고 사는 것이었다.

대학을 졸업한 이후, 스샤오카이는 부모님께 좋은 소식만 전하며 지냈다. 혹여 부모님이 자신의 실제 상황을 아시고 속상해 하실 걸 원치 않았기 때문이다. 이후 노력과 끈기로 유명인사가 된 스샤오카이는 주변에서 높은 평가를 받았고 그의 부모 역시 자랑스러운 마음에 창백했던 얼굴에 웃음꽃이 피었다.

외롭고 힘들다고 무조건 부모님께 말씀드려 걱정을 보탤 필요는 없다. 우리가 더욱 발전하고 강해지기 위해 노력한다면 언젠가는 우린 '용'이나 '봉황'이 되어 부모님께 큰 기쁨을 안겨드릴 수 있다.

직장 생활을 시작한 지 벌써 여러 해가 지났지만 리쉐이룽의 생활은 나아질 기미가 보이지 않았다. 하지만 그는 늘 자신을 위해 눈물 흘리는 어머니를 떠올리며 고단한 현실 앞에 무릎 꿇지 않았다.

어릴 적 아버지를 여읜 뒤 어머니는 홀로 그와 누나, 누이동생을 키웠다. 그리고 지금 누나는 시집을 갔고 여동생은 아직 대학에 다니고 있다. 리쉐이룽은 성공해 보겠노라 마음을 먹었다. 그렇지 않고서는 홀로 세 자녀를 키운 어머님께 부끄러울 것 같았다.

전화를 할 때마다 어머니는 리쉐이룽에게 말했다. "너만 잘 지내면 된다. 집안일은 아무 걱정하지 마라." 당시 리쉐이룽은 반드시 금의환향하리라 다짐하고 또 다짐했다.

이후 리쉐이룽은 나름 성공을 거둬 큰돈을 벌었다. 리쉐이룽이 춘절에 새 자동차를 타고 집에 돌아가 마을 사람들의 부러움을 한 몸에 사는 모습을 보고 어머니는 웃으며 말했다. "나는 네가 굶지만 않길 바랐는데....... 네가 이렇게 성공을 할 줄을 정말 몰랐구나!"

일부 사람들은 성실한 노력을 통해 부모의 기대를 넘어서는 성공을 거둔다. 이는 그들의 마음 속 깊은 곳에 부모님에 대한 그리움이 있기 때문이다. 이런 그리움은 그들에게 끊임없는 자극을 준다.

사실 많은 사람들은 큰 노력을 기울이지는 않았어도 종종 집에 돌아가 힘들게 반평생을 보낸 부모님과 즐거운 시간을 보내곤 한다.

부모의 기대는 당신이 발전할 수 있는 동력이지 걸림돌이 아니란 사실을 기억해야 한다.

과거가 앞길의 장애물이
되어서는 안 된다

나쁜 감정은 우리의 눈을 멀게 해 불만과 분노 속에 살아가게 한다. 일단 이렇게 되면 우리의 인생은 암흑이 되고 만다. 무엇을 보던 곱게 보이지 않고, 미래에 대한 자신감은 사라진다. 늘 어두운 세상 속에서 고통스럽게 살아가게 되는 것이다.

사소한 일이라면 너무 따져서는 안 된다. 설령 변화시킬 수 없다면 잘 받아들여야 한다. 만약 받아들일 수 없다면 포기할 수도 있다. 굳이 힘들게 뒤엉켜 살 필요 있겠는가!

종종 어떤 일들로 말미암아 어느 순간 누군가와 대립각을 세울 수도 있다. 이런 일들은 당신이 고집을 피울수록 더욱 뒤엉키게 된다. 소위 '두 영웅이 싸우면 상처가 나기 마련이다'라고 했다. 당신이 큰 상처를 입거나 간신이 목숨만 건질 수도 있다는 의미다. 이는 과연 당신이 생각했던 결말인가?

올림픽에 출전한 한 선수가 드디어 결승 진출권을 따냈다. 그는 인터뷰에서 만약 이번 결승에서 금메달을 딴다면 여자 친구와 밀월여행을 떠날 거라고 말했다. 사실 이는 오랫동안 이루지 못한 오랜 소망이었다.

경기가 시작되고 그는 큰 격차를 두고 선두를 유지하고 있었다. 승리를 바로 눈앞에 둔 시점에서 모기 한 마리가 날아 들 줄 누가 알았으랴. 모기는 그의 주변을 맴돌며 '윙윙' 소리를 내면서 그의 마음을 어지럽혔다. 그는 모기를 잡으려 팔을 뻗었지만 그 모기는 마치 그를 놀리기라도 하는 듯 쫓아내려고 할수록 더욱 그를 맴돌았다. 화가 난 그가 경기장에서 모기를 쫓느라 여념이 없는 모습은 무대 아래 관중석을 웃음바다로 만들었고 결국 그는 눈앞의 금메달을 놓치고 말았다. 며칠 후 인근 하천에서 그의 시신이 발견되었다. 한 마리 모기에게 지고 말았던 것이다!

양뉘쉔은 그녀의 이웃인 첸잉과 다툰 후 다시는 그와 상종하지 않겠다고 맹세했다. 양뉘센은 매일같이 첸잉의 뒷담화를 하고 다니고 그를 만나기라도 하면 날을 세웠다. 양뉘센은 어쩌다 첸잉같이 '무례한' 이웃을 만났는지 이해할 수가 없어 하루 종일 하늘을 원망했다.

친정에 가서도 양뉘센은 울상을 지으며 집에 돌아가 그 이웃을 만나고 싶지 않다는 말을 되풀이 했다. 양뉘센의 아버지는 말했다. "첸잉은 첸잉대로 살고 넌 너대로 살면 되지, 왜 첸잉의 그림자에서 살고 있니?"

양뉘쉔은 말했다. "저는 첸잉이 다시는 보고 싶지 않아요. 왜 지구에서 사라지지 않는지 모르겠어요." 그러고는 저주를 퍼붓는 말을 이었다.

그녀의 아버지는 말했다. "존재하는 데는 분명 이유가 있다. 우리가 바꿀 수 있는 게 아니야. 하지만 받아들이는 걸 배울 순 있어. 너를 보렴. 지난번 왔을 때는 화사한 얼굴이었는데 이번에는 비쩍 말랐구나. 누굴 탓하니? 첸잉을 탓하는 거니? 내가 보기에는 너 스스로를 탓해야 할 것 같구나!"

양눠쉔은 눈물을 닦으며 말했다. "그럼 제가 어떻게 하면 될까요?"

"잘 살면 된단다. 현재를 말이다. 네게 친절한 사람도 주변에 많잖아. 그들과 사사건건 따질 필요 없단다. 그래봤자. 네 화만 돋울 뿐이야."

양눠쉔은 며칠을 곰곰이 생각한 후 집으로 돌아갔다.

한참을 고민한 양눠쉔은 이웃인 첸잉은 아예 신경도 쓰지 않고 있는데 자신만 일을 크게 만들어 스스로를 피곤하게 하고 있었던 사실을 깨달았다.

이때부터 양눠쉔의 많은 것이 변했다. 현재를 소중히 여기고 더 이상 원망하지 않았다. 주변의 소소한 일이 그녀를 바쁘게 하고 행복을 주고 있음을 깨닫고, 동시에 다른 이와의 마찰로 밥맛을 잃거나 잠을 못잘 필요가 전혀 없음을 알았다.

결국 과거는 과거고 미래는 아직도 요원하다.

그러니 현재를 소중히 여겨야만 현명한 선택을 할 수 있고 지나간 과거를 바라볼 줄 알아야 더 아름다운 미래를 맞이할 수 있을 것이다.

만족하지 않아야
노력한다

어떤 사람은 먹고 사는 것만 해결되면 만사가 자신과 아무 상관없다고 여긴다. 또 어떤 사람들은 보다 나은 삶은 위해 최선을 다한다. 그러다 보니 누군가는 아주 한가하게, 또 누군가는 아주 바쁘게 지내고 결과적으로 빈부의 격차가, 신분과 지위의 격차가 점점 벌어진다.

왜 사람과 사람 간에 이런 격차가 존재하는 것일까? 만약 당신이라면 사회의 하류층에 머물고 싶은가? 아님 상류층에 속하고 싶은가?

하류에 사는 사람들은 신분상승을 꿈꾸는데 그 꿈을 실현하기 위해선 아주 많은 노력을 기울여야한다. 당신이 명망가에서 태어난 경우를 제외하고 말이다.

대부분의 사람들은 생계를 위해 매일을 열심히 살고, 의식주만 해결되면 그만이라고 여기기도 한다. 하지만 생활수준이 향상되면서 사람들의 욕구 역시 점점 상승하고 있다.

과거 우리는 먹고 입을 것만 있으면 최고의 행복이라 여겼다. 하지만 지금은 다르다. 사람이 다른 동물들 보다 높은 지위에 있는 것은 바로 생각하는 힘 덕분이다.

의식주에만 만족해서는 안 된다. 평범한 인생을 원하는 사람을 제외하고는 말이다. 주어진 삶에 만족하지 않는 사람이라면 기적을 만들기 위해 온갖 노력을 다 해야 한다. 그래야만 평범한 삶에서 벗어날 수 있다.

쑨위에양의 가장 큰 고민은 자신이 산골마을에서 태어났다는 점이다. 그는 평생 시골에서 살면서 때가 되면 결혼을 하고 아이를 낳아 남들과 다를 바 없는 그저 그런 삶을 살고 싶지 않았다.

그러나 집안 사정은 쑨위에양을 학교에 보내줄 만큼 여의치 않았다. 부모는 그를 달래며 말했다. "아빠 엄마는 아무것도 바라지 않는다. 먹고 사는 걱정만 없으면 된단다!"

부모님의 '운명을 받아들이는 태도' 앞에서 쑨위에양은 지금 한발을 내딛지 않으면 영영 이 곳을 벗어날 수 없을 거라 생각했다.

부모님께 인사를 드리고 외지로 나온 쑨위에양은 홀로 고군분투했다. 물론 고생을 밥 먹듯이 했지만 그는 결코 물러서지 않았다. 그는 자신이 지금보다 훨씬 나은 미래를 맞이할 수 있을 거라 믿었다.

이후 쑨위에양은 한 회사의 총재가 되어 아들을 해외 유학을 보냈고 그의 부모님이 꿈에서도 생각해보지 못한 세계여행을 현실로 만들어 드렸다.

당초 쑨위에양이 당시의 상황에 안주하고 변화를 꾀하지 않았다면 그는 평범한 시골 사람의 삶을 살았을 것이다.

현실에 만족하지 않았기 때문에 유명인사들의 투지가 불타오를 수 있었고 걱정 없는 의식주에 만족하지 않았기 때문에 역사의 거대한 조류에 휩쓸리지 않은 이들도 있다.

물론 그들은 그나마 있던 안정적이고 편안한 삶마저 모두 잃고 더해지는 큰 고통을 감내하며 끈기를 잃지 않아야 했다.

만약 포기했다면 그저 그런 평범한 삶을 살았을 것이다. 옛말에 '호랑이는 죽어서 가죽을 남기고 사람은 죽어서 이름을 남긴다'고 했다. 몇 십 년 뒤 당신의 모든 것이 연기가 되길 바라는가 아니면 역사의 한 페이지를 장식하고 싶은가?

편안한 생활을 하면 타성이 생기기 마련이다. '걱정하고 근심하면 나라를 일으킬 수 있고 안락한 생활을 즐기면 스스로를 망친다'고 했다. 때로는 '걱정 없는 의식주'가 오히려 독이 될 수도 있다. 마치 '부자가 3대를 못가고' '개천에서 용 난다'고 한 것처럼 말이다.

아마도 지금 보통사람들처럼 살아간다면 고통 없이 사는 세월이 빠르게 흘러갈 것이다. 관건은 현재의 안락함을 포기할 자신이 있는지 여부다.

삶은 당신이
상상하는 만큼 나쁘지 않다

같은 일을 두고 어두운 면을 봤다면 우울한 기분을 떨쳐내기 어렵지만 밝은 면을 봤다면 왠지 모르게 기분이 좋아진다. 마치 흐린 날엔 우울하고 맑은 날엔 기분이 상쾌해지는 것처럼 말이다.

하오와 팡총은 애인 사이다. 두 사람 모두 상하이에서 일하지만 하오가 출장이 잦아 팡총은 늘 외로워했다. 더욱이 다른 연인들의 다정한 모습을 볼 때면 자신의 사랑만 쉽지 않은 듯한 느낌마저 들었다.

이후 팡총은 하오가 늘 자신의 곁에 없자 젊은 시절을 허비하는 느낌이 들었다. 그래서 오랜 고민 끝에 하오에게 전화를 걸어 자신의 곁에 있어 줄 수 없다면 헤어지자고 말했다.

하오는 급한 마음에 팡총을 달래며 자신도 늘 곁에 있고 싶지만 일 때문에 어쩔 수 없다고 설명했다. 팡총은 출장이 없는 다른 직장을 알아보길 바랐지만 하오는 해외 업무도 많고 자기 개발도 할 수 있는 지금의 일이 아주 만족스럽다고 말했다.

이렇게 되자 하오와 팡총의 의견이 평행선을 달리며 '냉전'이 시작되었다.

팡총은 문제를 해결하고자 친구인 왕쉐에게 도움을 청했다. 왕쉐는 팡총에게 말했다. "그의 단점만 봐선 안 돼! 밖에서 열심히 일해서 돈을 벌고 있는 건 모두 너와 함께할 미래를 위해서잖아! 잘 생각해봐. 매일 네 곁만 꼭 붙어있고 일할 능력이 없다면 머저리같이 느껴지지 않겠어?"

팡총은 말했다. "하지만 늘 출장만 갈 순 없잖아. 그게 무슨 연애야? 차라리 톱스타 사진을 하루 종일 바라보는 게 낫겠어......."

왕쉐는 말했다. "물론 늘 네 곁에 있어줄 순 없지만 떨어져 있어서 좋은 점도 있어. 그가 하는 모든 게 너와 더 잘 지내려고 하는 거잖아. 생각해봐. 내 남자친구는 얼굴도 그저 그런데다가 돈도 적게 벌어, 하오만도 못하다고!"

왕쉐의 말을 듣고 보니 팡총의 마음은 한결 편안해졌다. 이리저리 생각해 보니 하오는 능력도 있고 그녀를 아껴줄 줄도 알지 않은가. 사실 그동안 다른 사람들에 비해 자신은 훨씬 행복했었다.

결국, 긍정적인 마인드로 생각해보니 자연스럽게 문제가 해결되었다. 만약 그렇지 않고 복잡한 면에서만 생각했다면 깊은 수렁에 빠지고 말았을 것이다.

젊은 나이에 장사를 하고 있는 리위펑은 봄에 도매로 사놓은 식품들이 몇 개월이 지나도록 팔리지 않자 다시 공장에 반품하기로 결정했다.

공장에선 싫은 기색 없이 오히려 미소를 지으며 리위펑에게 말했다. "원래 그 식품들은 봄에는 판매가 부진해요. 가을이나 되어야 팔리지요. 날씨가 쌀쌀해져야 몸 생각을 하잖아요."

리위펑은 말했다. "지금은 가게에 둬도 아무 쓸모가 없어서요. 자리만 차지할 뿐 아니라 지금 자금회전도 잘 안돼서요."

제조업자는 말했다. "그런 식품들은 유통기한이 1년입니다. 지금 보관해 두면 가을엔 아주 잘 팔릴 거예요."

제조업자가 리위펑에게 여러 가지 장점들을 늘어놓자 결국 그 식품들을 보관해 두기로 했다. 가을이 되자 이 식품을 찾는 고객들이 갑자기 늘면서 리위펑은 큰돈을 벌 수 있었다.

비록 '생각대로 되는 일'은 많지 않지만 목표와 바라는 바를 가지고 실천에 옮긴다면 이상이 현실이 되진 않더라도 최소한 후회는 남기지 않을 수 있다.

모든 일은 낙관적으로 생각해야만 좋은 결말을 얻을 수 있다. 또 좋게

185

생각해야만 밝은 미래를 열수 있고, 설령 눈앞에 먹구름이 잔뜩 끼어있더라도 긍정적인 마음가짐이라면 금세 먹구름을 걷어내고 따뜻한 햇살을 맞이할 수 있을 것이다.

인내심을
버려야 할 때도 있다

우리는 늘 모든 일이 생각대로 진행되길 바라지만 미래는 쉽게 예측할 수 없다. 본래 아름다운 상상은 현실에선 물거품이 되기 일쑤고 마지막까지 기다려도 빈손으로 돌아가야 하는 경우가 허다하다. 울적한 마음으로 하늘을 원망하고 심지어 다른 이들의 비웃음까지 참아내야 할 때도 있다.

자오성난과 한 회사는 계약을 체결하면서 회사 측은 사업이 상장한 후 그에게 정산을 해주겠다고 약속했다. 그는 진지하게 미수금 전부를 회수할 수 있을 거라 생각했다. 누가 알았으랴. 한참이 지나도록 상장이 계속해서 미뤄질 줄. 자오성난은 상대를 독촉하기 시작했다.

처음에는 좋게 답하던 상대방이었지만 시간이 흐르자 이 일을 아예 잊고는 아무런 동정도 없었다. 회사를 찾아가 다시 얘기를 나눴고 잘 될 것이란 답을 얻었지만 재차 미뤄지기만 했다. 더 이상 기다릴 수 없는 자오성난은 상대에게 정확한 답변과 기한을 말해줄 것을 요구했으나 이 회사는 미안한 제스처를 취하며 말했다. "이 사업에서 손을 떼겠으니 다른 파트너를 찾아보시오!" 뒤통수를 얻어맞은 기분이었다. 그는 자신의 방법에 대해 후회가 밀려왔다. 회사를 다시 찾아가 자신의 경솔함을 인정하며 계속 협력하고자 하는 의사를 밝혔지만, 키를 쥔 이 회사는 더 이상 상대하지 않으려는 모습을 보이며 건방진 말투로 말했다. "고소하려면 고소하시오!" 그는 후회막급이었다.

때로는 우리가 신뢰한 다른 사람에게 생각지도 못하게 이용당할 수도 있다. 사람 마음은 알 수가 없는데다 사업관계가 되면 더더욱 변화무쌍해져 당장 내일일도 알 수 없다. 이런 상황에서도 고생스러움을 이겨내며 밀고 나가야 하는 것일까? 아마도 나 자신만 상처받게 될 것이다. 우리는 담대한 마음가짐으로 총애를 받든 모욕을 받든 침착함을 잃지 않아야 한다. 이래야만 득과 실이 우리에게 아무런 장애가 되지 않는다. 앞으로 얼마나 강력하고 뜻밖의 타격을 받을는지는 모르지만 우리는 태연하게 대처해 나가야 한다.

무거운 짐을 내려놓고 가벼운 마음으로 길을 나서보자. 끈기가 중요하지만 때론 포기가 필요할 때도 있다. 불필요한 인내심을 버려야만 성공과의 거리를 좁힐 수 있다.

성공의 첫 번째 조건
– 자신이 좋아하는 일을 하라

삶의 이유는 무엇일까? 돈? 명예? 안타깝게도 임종 직전에 가서야 자신 그대로를 사는 게 가장 중요한 일임을 깨닫기도 한다. 현재의 우리는 자신을 위해 살고 있는가? 자신이 원하는 생활을 선택할 권리가 있는가?

명조의 문학가인 양선은 '옳고 그름, 성공과 실패가 모두 허무하게 스쳐가는구나' 라고 말했다. 이번 생에서 추구했던 것들이 마지막에는 아무것도 아닌 일일 수도 있다. 우리는 대체 어떤 삶을 원하는 것일까?

당신에게 친절한 회사 대표가 어느 날 원치 않는 일을 시킨다면 당신은 어떻게 할 것인가? 자신이 흥미 있는 일을 해야만 진정한 나를 찾을 수 있다지만 현실에선 그리 쉽게 결정내릴 순 없을 것이다.

성공한 사람들이 수많은 직업가운데 스스로가 가장 좋아하는 일들을 선택할 수 있었던 까닭은 그런 일에서도 성과를 낼 수 있었기 때문이다. 설령 집안의 반대가 있었다 해도 말이다.

발자크가 문학가가 되고 싶단 의사를 밝히자 그의 아버지는 말했다. "글을 쓰는 건 괜찮다. 하지만 난 네게 3년이라는 '테스트 기간'을 줄 것이다. 3년 안에 번복하고 싶다면 그래도 좋다." 3년이란 시간은 아주 빨리 지나갔고, 발자크가 선택한 문학의 길은 잘 풀리지 않았다. 그러자 그의 부모는 다른 일을 찾아볼 것을 권했지만 발자크는 과감히 거절했고 부모님도 즉각 경제적 지원을 중단했다. 그날 이후 발자크의 생활은 더욱 어려워졌다.

하지만 시간이 흘러 그는 세상을 뒤흔들만한 대문호가 되었고 생전에도 많은 이들의 존경을 한 몸에 받았다. 만약 그가 당초 부모의 말을 따랐더라면 문학계는 리더를 잃고 사회에는 쓸모없는 인력 하나가 추가되었을지도 모른다.

나이팅게일은 상류층에서 태어나 작가, 가정주부, 간호사라는 세 가지 직업을 가졌지만 그 중에서도 가장 멸시받는 직업인 간호사를 택했다. 비록 그의 가족들은 그녀가 다시 고민해 보길 원했지만 나이팅게일은 자신이 가장 하고 싶었던 일이었기에 조금도 주저하지 않았다.

시간이 지나 나이팅게일은 간호업계의 창시자이자 현대 간호 교육의 전기적인 인물이 되었다.

케임브리지대학의 한 교수는 100명의 성공한 부호를 대상으로 그들의 성공 비결을 묻는 설문 조사를 한 결과 그들 중 80%의 사람들이 자신이 좋아하는 일을 하는 것이라고 답했다.

빌게이츠는 하버드 대학을 중퇴하고 자신이 좋아하는 전자컴퓨터 사업에 뛰어들어 세계 최고 부자가 될 수 있었고 조앤 롤링 역시 교사로 근무했었지만 글을 쓰는 데 흥미를 느껴 창작활동에 전념했다. 그 결과 유명한 〈해리포터〉 시리즈를 세상에 내놓으며 세계적인 유명 작가가 되었다.

사람은 자신이 좋아하는 분야에서 보다 쉽게 진정한 자아를 발견할 수 있다. 그러니 재미없는 일을 강요해선 안 된다. 그렇지 않으면 몇 십 년이 흐른 뒤 이번 생은 헛살았다고 탓할지도 모르니까 말이다.

어디에 가야 진정한 나를 만날 수 있을까? 이는 우선 환경에 달렸다. 산과 물이 있고 물질이 풍요로운 곳에서 살고 있다면 자연환경도 열악하고 자원이 부족한 곳에 사는 사람에 비해 크게 앞설 수 있다. 소위 지역의 풍토가 그곳의 사람을 만든다는 말처럼 환경의 차이는 우리의 마음가짐에 많은 영향을 미친다. 좋은 환경을 선택하면 보다 쉽게 진실한 나를 만날 수 있어 눈앞에 놓인 허상의 먹구름 따위는 보일 리 없다.

설사 열악한 환경에서라도 순수함을 잃지 않는다면 원시자연의 아름다움과 자유로움을 유지할 수 있다. 여러 지역에서도 많은 방식을 통해 진정한 나로서 살 수 있다. 흥미로운 일을 하는 것은 내재적인 것이고 객관적인 환경은 외재적인 것이다. 만약 양자가 조화를 이룬다면 우리는 더욱 완벽하고 아름다운 자신을 발현해낼 수 있을 것이다.

PART 8

스스로
가야 할 길

최후의 성공은
늦기 마련이다

우리보다 한 세기 전에 살았던 한 남자는 22세의 나이에 사업을 실패했고, 23세에 주의원 선거에서 실패했다. 25세에 또 다시 사업에 실패를 했고 26세에는 연인이 세상을 떠났다. 29세에는 또 주지사 선거에서 미끄러졌고, 34세에는 국회의원 선거에서 마저 낙선했다. 39세에도 의원 선거에서 떨어지고 46세에 상원의원 선거에서 실패, 47세에는 부통령 선거에 나갔지만 또 물을 먹었으며 49세에 상원의원에도 실패했다.......

여기까지 보면 그의 일생은 실패의 연속이다. 하지만 그는 51세에 드디어 대통령에 당선되었다. 그가 바로 정치가이자 사상가인 미국의 16대 대통령 아브라함 링컨이다. 그는 오늘날까지도 전 세계인의 존경과 사랑을 받고 있는 인물이기도 하다.

성공을 위해선 준비과정에서 한번쯤의 포기가 있기 마련이다. 이 역시 '십년동안 찾아오는 이 하나 없었지만 입신양명하자 천하가 알게 된' 가장 좋은 예시다.

누군가 몇 십 년을 준비했음에도 또 실패를 했다면 역사는 분명 그를 비웃을 것이다. "결국 이렇게 될 것을 뭣 하러 그런 노력을 기울였을까!"라고 말이다. 하지만 이처럼 끝까지 노력을 기울인 사람일수록 최후에 성공할 가능성은 높다.

월왕 구천이 오왕 부차에게 포로로 잡힌 후 그는 돌아갈 수만 있다면 반드시 복수하겠다고 다짐했다. 이후 월나라로 돌아간 이후 '백성들과 한마음 한뜻을 모아 나라를 부강하게 하여' 결국 오나라 군대에게 참패를 안기며 과거의 치욕을 씻었다.

마지막까지 인내한 그 순간이 바로 성공을 손에 쥐는 순간이다. 이는 그 전의 모든 실패를 단단한 초석으로 만든다. 현실은 이처럼 절묘하며 이 최후의 성공은 당신 일생의 성과다.

지금의 실패는 단지 일시적인 일일 뿐이며 성공을 할 수 있는 최후의 기회를 잡는 것이 가장 객관적인 결과이다.

만약 지금의 당신이 실패를 거듭한다고 해도 당신은 반드시 성공할 것임을 믿길 바란다. 설령 백번을 실패했다 하더라도 좌절하지 말자. 좌절은 백한 번째 성공의 기회를 포기하는 것이니 말이다.

스스로
가야 할 길

어린 시절 부모는 늘 우리 곁에서 말과 걸음마, 뜀박질을 가르쳐 주고 선과 악이 먼지, 어떤 사람을 본보기로 삼아야 하는지 알려준다.

또 학교에 가면 선생님이 우리에게 많은 지식을 알려주고 진선미를 전수해주며 이 세상을 더 쉽게 이해하고 느낄 수 있도록 가르침을 준다.

졸업 후 사회에 진출하면 회사의 대표가 업무 처리 방식과 좋은 직원이 되는 방법을 일러준다. 운 좋게 우리에게 도움을 주는 동료를 만나 고객과의 인맥을 구축할 수도 있다.

그들은 지시등처럼 끊임없이 우리의 앞길을 인도해준다. 물론 그 과정에서 다른 사람을 해치고 기만하는 '소인배'들을 만나 당신 혹은 당신의 친구가 해를 입을 수도 있다. 하지만 이런 사람들까지 겪고 나면 당신을 해하려는 사람이든 위해주려는 사람이든 모두가 당신이 감사해야 할 사람들이며, 그들 덕분에 당신이 더 성장할 수 있었음을 알 수 있다.

우리는 우리가 만난 인연들은 반드시 소중히 여겨야 한다. 그들은 이번 생에 당신과 함께 할 사람들이며, 보기엔 많아 보일지 몰라도 그리 많은 수가 아니기 때문이다.

가을날의 한 저녁 젊은 아낙네가 의기소침한 모습으로 강변에 서있었다. 마침 이곳을 지나던 교수는 왠지 불안해 보이는 그녀를 발견하고는 말을 건넸다. "시간이 많이 늦었는데 왜 아직 집에 돌아가지 않나요?"

젊은 아낙은 눈물을 흘리며 말했다. "이제 아무것도 없어요!"

교수는 의아해하며 물었다. "아무것도 없다고요? 대체 무슨 일이 있는 거요?"

젊은 아낙은 말했다. "3년 전 사랑하던 남편이 세상을 떠났어요. 그리고 지난달 하나밖에 없던 아들마저 전염병에 걸려 죽고 말았지요. 전 분명 외롭게 살아야할 팔자인가 봐요. 아무도 없잖아요."

교수는 말했다. "남편을 만나기 전에는 혼자였잖아요. 단지 그때로 돌아간다고 생각하면 돼요. 다시 새롭게 시작할 수 있어요. 재혼 상대를 만날지도 모르고요. 혼자 산다고 꼭 불행하란 법은 없어요. 잘 살펴보면 당신 주변에 소중한 것들을 발견할 수 있을 거예요."

젊은 아낙은 곰곰이 생각했다. 비록 지금은 혼자가 됐지만 사실 결혼 전에도 혼자가 아니었던가! 순수하고 낭만적인 그 시절엔 늘 즐거움만 가득했었다. 모든 게 그때로 돌아간 거나 다름없는데 어째서 자포자기하고 있단 말인가!

젊은 아낙은 교수에게 감사 인사를 하고는 떠났다. 젊은 아낙은 돌아간 이후 다시 정신을 차렸다. 스스로 생계를 꾸려야 했지만 부모님과 주변의 도움으로 빠른 시간에 낙관적이었던 예전의 모습을 되찾았고, 그간 볼 수 없었던 웃음 띤 얼굴도 볼 수 있었다.

아무도 당신 인생을 이끌어주지 않는다. 어른이 되고 나선 부모님의 신신당부도 어쩌면 듣기 힘들어진다. 학교를 떠나는 순간 가르침을 주던 선생님도 서로 돕던 동기들도 다시 볼 수 없을지도 모른다. 그리고 당신 곁에 있던 이들은 이내 사라지고 또 다른 사람들이 등장한다.

모든 이들은 당신 인생의 손님이나 다름없다. 우리와 검은 머리 파뿌리될 때까지 함께 하겠다던 연인도 우리를 배신하거나 혹은 먼저 떠날 수도 있다. 어느 누구도 날이 추워졌으니 옷을 더 입으라는 둥, 배고플 테니 라면을 끓여준다는 둥의 말 따윈 하지 않을 것이다.

당신은 스스로를 돌볼 수 있어야 한다. 그래야만 당신을 걱정하고 염려하는 사람들이 마음을 놓을 수 있다. 우리 역시 누군가와 영원한 인연을 기도할 필요도 없다. 이미 지나갔다면 가게 두면 된다.

놓칠 수 없는 중요한 사람이거나 일이라면 미리 당신의 마음을 표현해야 한다! 담대하게 마주하고 당신이 사랑하는 것들을 사랑해야 아름답고 행복한 삶을 살 수 있을 것이다.

　삶이 끝났을 때 많은 이들이 당신을 사랑하고 그런 사랑 속에 산다면 봄날에 꽃처럼 찬란한 인생일 것이다.

실패가 끝이라
여기지 말자

많은 사람들은 1등이 되기 위해 발버둥치지만 1등의 자리는 단 하나뿐이다.

당신이 잎사귀가 되는 건 어떤가? 잎사귀가 있어야만 붉은 꽃이 더욱 아름답다. 물론 결론이 나기 전부터 붉은 꽃이 되려는 생각을 버려선 안 된다. 어쩔 수 없는 현실이 닥쳤을 때 잎사귀가 되면 된다.

누군가에게 밀리고 일등의 자리를 차지하지 못했다고 해서 실패한 것은 아니다. 만약 당신이 1등이라면 곳곳에서 많은 사람들의 관심을 받게 되는 만큼 당신의 행동거지는 조심스러워진다. 자칫 잘못했다간 금세 문제가 발생한다. 오히려 2등이나 3등이 되었을 때는 더 단련해서 치고 올라갈 여유도 가질 수 있다.

애신각라(愛新覺羅) 윤진은 강희제의 넷째아들이다. 강희제는 그의 둘째

아들인 윤잉을 황태자로 세웠다. 이후 성인이 된 강희의 아들들은 황태자의 자리를 둘러싸고 끊임없는 암투를 벌였다.

훗날 강희제를 분노하게 한 태자 윤잉이 폐위되자, 황자들은 첨예한 아귀다툼을 벌이며 세력을 확장했다.

강희제는 황자들의 암투를 보며 폭발할 지경에 이르렀다.

이런 상황에서 넷째 아들 윤진은 황위에 대해 담담한 모습을 보였다. 윤진은 윤잉을 감싸고 합당하고 정의로운 말을 하며 강희제와 폐위된 태자의 감정을 되돌리려고 애썼다. 게다가 다른 형제들에 대해서도 강희제 앞에서 칭찬을 하거나 필요한 경우 지원을 아끼지 않았다.

이후 강희제는 심사숙고를 한 끝에 황위를 윤진에게 물려주니 그가 바로 옹정황제다.

윤진은 늘 낮은 자세로 자신을 드러내지 않는 방법으로 다른 황자들의 경계심을 늦추도록 하면서 장래의 큰 그림을 그린 것이다.

누구나 뒤처지길 원치 않는다. 하지만 도태된다는 것도 하나의 경험으로 당신의 시야를 넓게 해준다. 승패는 병가지상사라고 했다. 한번 실패로 좌절한다면 가장 어리석은 일이기 때문이다.

우리는 이런 시험을 거쳐 실패한 원인이 무엇인지 또 도태된 원인이 무엇인지 알 수 있다. 월링턴 장군의 군대는 나폴레옹의 군대에 의해 처참히 무너졌다. 참담한 실패를 맛본 월링턴 장군은 어느 날 동굴 입구에서

거미 한마리가 비바람 속에서도 끝까지 노력한 끝에 비가 그친 뒤 탄탄한 거미줄을 완성하는 모습을 보았다.

그 모습에 큰 깨달음을 얻은 윌링턴 장군은 다시 부대로 돌아와 각고의 노력을 기울였고, 마침내 워털루전투에서 안하무인의 나폴레옹에게 참패를 안겼다.

이기고 지는 것은 한 순간이다. 우리가 실패나 좌절 앞에서도 다시 일어설 용기만 있다면 패배를 승리로 전환할 수 있는 기회는 얼마든지 있다. 도태와 실패를 곱씹으며 두려워하거나 좌절하지 않고 끝까지 포기하지 않는다면 다시 일어나 최후의 승리를 이끌어낼 수 있다.

낙관적인 태도라면
가난 속에서도 성공할 수 있다

가난한 삶을 살고 싶은 사람은 어디에도 없다. "가난하면 뜻도 초라해진다"라고 했다. 모두가 부유한 삶을 원하지만 현실에선 여전히 많은 사람들이 가난하게 살아간다.

한 신혼부부는 결혼할 때만 해도 아주 행복했다. 하지만 결혼한 지 얼마 되지 않아 부인은 남편의 가난함과 적은 월급을 탓하기 시작했다. 그녀는 자신의 선택을 뼈저리게 후회했다.

부인은 늘 과거로 돌아갈 순 없을까를 고민하고 다른 사람과 자신의 형편을 비교하면서 남편을 책망했다.

당하는 남편 역시 매우 불쾌했다. 남편은 밖에 나가 최선을 다해 일하는 게 아무 소용이 없는 듯한 느낌이었다.

부인은 점점 더 남편을 들들 볶으며 말했다. "왜 우린 이렇게 가난해야 돼요? 우린 왜 부자가 될 수 없죠? 부자들이 얼마나 잘 사는지 보라고요!"

매일같이 이어지는 부인의 원망에 남편은 견디기 힘들었다.

하루는 남편이 부인에게 말했다. "우리 나들이 가자!"

부인은 이렇게 말했다. "이렇게 거지같이 살면서 나가 놀 마음이 생기겠어요?" 그러면서도 부인은 남편의 자전거에 올라탔다.

자전거 옆으로 빠르게 달리는 고급 승용차들을 보며 부인은 부러운 목소리로 잔소리를 시작했다.

줄곧 말이 없던 남편은 외곽의 부자들이 거주하는 동네까지 자전거를 몰았다. 그곳의 환경은 정말이지 끝내주었고 엇갈려 지은 별장들이 멋진 정취를 풍겨냈다. 부인은 남편에게 한탄하며 말했다. "하늘이시여, 저들은 정말 잘 사는군요. 나는 평생 언제쯤에나 여기서 살 수 있겠습니까?"

이때 남편은 멀지 않은 곳에 거동이 불편해 보이는 노인을 가리키며 말했다. "저 할머니 보여? 저 분이 저 집의 주인이야."

"저게 저 할머니 집이라고요? 나도 저 할머니였음 좋겠어!"

남편이 말했다. "좋아. 당신이 저 할머니처럼 백발이 성성하고 이빨도 몽땅 빠지고 쭈글쭈글한 얼굴에 몸조차 움직이기 힘들어지도록 하고, 저 할머니는 당신처럼 꽃같이 변한다고 한다면, 그 조건으로 할머니가 저 집을 당신에게 준다면, 그렇게 하겠어?

부인은 생각할 겨를도 없이 말했다. "그런 할머니는 되고 싶지 않아요!"

남편은 말했다. "만약 당신의 손을 내주고 백만 위안을 준다면 어떻게 하겠어?"

부인은 말했다. "싫어요!"

"만약 당신의 팔을 내주고 2백만 위안을 주면?"

"싫어요!"

"그래. 이것 봐. 당신 몸에만 벌써 몇 백만 위안의 자산이 있는 거야. 거기에 젊고 아름다움까지....... 더 필요한 게 있을까?"

부인은 유구무언이었다.

집으로 돌아온 후 부인은 곰곰이 생각한 끝에 스스로 눈앞에 있는 행복과 자신을 사랑해 주는 남편을 소중히 여겨야겠다고 마음먹었다. 비록 가난하지만 만족하는 삶을 살고 있는데 뭐가 더 필요하겠는가?

우린 만족감이 필요할 때가 있다. 그래야만 우리가 원하는 무언가를 얻지 못해 고민하는 삶을 살지 않을 수 있다. 누가 가난하면 꼭 슬프다고 했는가. 우리는 가난 속에서도 기쁨을 누릴 수 있다. 배가 고프면 먹고 졸리면 자고, 가족이 있고 친구가 있는데, 뭐가 부족한가?

가난은 우리가 강해질 수 있는 하늘이 주신 기회다. 가난한 사람일수록 성과는 크기 마련이다.

언론에선 최근 한 해외업체와 협력을 하면서 몇 천만 위안이라는 막대한 돈을 번 사업가 왕즈쥔에 대한 취재 열기가 뜨거웠다. 인터뷰 당시 한 기자가 물었다. "왕선생님, 이번 성공에 대해 누구에게 가장 감사하십니까?"

왕즈쥔이 말했다. "이번 성공은 많은 분들께 감사해야 할 것 같습니다. 하지만 가장 감사한 건 어떤 분이 아니라......."

취재진들은 모두 어리둥절한 표정으로 답변을 기다렸다.

왕즈쥔은 웃으며 말했다. "이번에 가장 감사한 건 바로 가난입니다!"

취재진은 도무지 무슨 말인지 몰라 다시금 질문을 던졌다. "선생님처럼 큰 회사를 경영하시는 분이 돈이 없으실 리도 없는데, 어째서 가난에 가장 감사해하시는 거죠?"

왕즈쥔은 말했다. "어린 시절 저희 집은 아주 가난했습니다. 당시에는 미래에 사업을 하러 나갈 수 있는 기회가 있길 바랐지요. 나중에 정말 대도시에 왔어요. 가난해서 집주인에게도 몇 번이나 쫓겨나 노숙도 해봤습니다. 그때는 먹거리도 잠잘 곳도 영 신통치 않아 내일은 어디로 가야 할지 막막하기만 했습니다. 그리곤 결심했죠. 반드시 운명을 바꾸겠다고, 내 운명은 내가 만들겠다고 말입니다. 이런 가난이 저를 단련시키고 모진 비바람도 용감히 견뎌낼 수 있게 해줬습니다. 그래서 천천히 발전하며 오늘의 성과를 이룰 수 있었죠. 가난이 지금의 저를 만들었습니다. 감사합니다. 가난이여!"

현장에 있던 취재진들은 우레와 같은 박수갈채를 보냈다.

가난을 겪어본 사람이야 말로 소중함을 알고 고생 끝의 그 달콤함을 맛볼 수 있다.

우리는 가난에 감사해야 한다. 우리의 투지를 불태워 주는 가난은 빼놓을 수 없는 큰 자산이다. 낙관적인 삶의 태도로 가난을 대한다면 아름다운 인생을 맞이하고 행복한 삶을 살 수 있다.

당신은 이 세상에
무엇을 남길 것인가

    때론 우리 인생이 너무 길게 느껴지기도 한다. 그래서 허송세월을 하다 목숨이 다하려는 순간, 비로소 허투루 살아온 인생을 아쉬워하며 다시 살고 싶은 욕망에 휩싸인다.

    사람이란 늙으면 죽고 그 후 얼마간의 시간이 흐르면 어느 누구도 그가 이 세상을 다녀갔단 사실을 기억하지 못한다. 이 얼마나 처량하고 쓸쓸한 일인가. 하지만 일부 사람들은 이 세상을 다녀가면서 후세가 자신을 잊지 않을 만한 무언가를 남겨놓고 간다.

    성공학의 대부인 첸안즈는 우리가 혈육 간의 정을 남길 수 없는 이유는 단지 살아 있을 적에나 그들의 가족일 뿐 죽고 나면 그들과 당신은 무관하기 때문이라고 말했다. 설령 애정이 있다 해도 그 역시 당신과 무관하다고 본다. 당신이 죽으면 당신의 연인은 큰 상처를 받겠지만 그 역시 얼마 지나지 않아 재기를 통해 새로운 생활을 찾아 나설 것이며 집, 돈, 차 역시 새로운 주인이 생길 테니 당신과 무관하다는 주장이다.

결국 이 세상을 떠나는 시점에 우리가 남길 수 있는 거라곤 생전에 주장했던 사상이나 이론뿐이다. 특히 사상가들의 경우 여러 해가 지나면서 더욱 또렷하게 기억할 수 있다. 그들의 사상은 다른 이들에게 영향을 주면서 그들의 기억 속에 남는 것이다.

오랜 세월이 지난 후에도 사람들은 여전히 공자와 노자, 소크라테스와 플라톤을 기억할 것이다. 이들의 사상은 역사의 긴 흐름 속에서 뿌리를 내리고 싹을 틔어 꽃을 피운 끝에 열매를 맺었고, 심지어 만고불변의 푸르름을 지니고 있다. 그들이 남긴 것은 다름 아닌 그들의 사상이다!

예술 작품 속에는 예술가들의 혼이 남아있기도 하다. 회화, 서예, 조각, 시나 건축물 등에는 예술가들이 존재하지 않는 천년 후에도 그 작품들은 세상에 남아 인류 문화의 귀중한 유산이 된다. 바로 〈시경〉〈모나리자〉, 자금성 등이 그 좋은 예이다.

얼마의 시간이 흐른 뒤 이런 작품을 접할 때 그와 관련된 사람이나 사물을 떠올리게 된다.

경전은 쉽게 잊혀지지 않는다.

이 세상에 남길 수 있는 또 다른 것은 바로 업적이다. 그래서 사회나 많은 사람을 위해 공헌한 사람, 특히 정치인들은 백년이 지나고 난 후에도 여전히 사람들의 존경을 받는다.

  누군가는 사람들이 기념할 만한 물건을 남겨 최후까지 웃지만 어떤 이
들은 유성처럼 반짝이고는 소리 소문 없이 자취를 감추기도 한다.
  과연 당신은 무엇을 남길 수 있겠는가?

새로운 기회가
있으니 기쁘다

소유에 대한 욕심은 끝이 없다. 어느 날 본래 내 소유였던 물건이 보이지 않는다면 당신은 어찌하겠는가? 소극적이고 의기소침한 태도를 보일 것인가 아니면 다시 챙기겠는가?

모든 것은 비워지기 마련인데 다시 시작하면 어떤가. 단지 하늘이 시험해 본 것뿐이다. 앞으로 더 먼 길을 가야하니 눈앞의 공허함에 일어설 수 없을 만큼 상심해선 안 된다.

다시 일어섰을 때 우린 더 아름다운 미래를 볼 수 있다.

새로운 사람과 일을 맞닥뜨렸을 때 담담하게 받아들여야 하며 모든 사물은 우리를 스쳐지나가고 그 가운데 아주 일부만이 오랜 시간 우리 곁에 머문다는 점을 기억해야 한다.

잃어버린 것들에 대해선 내려놓는 법도 배워야 한다. 우리에겐 적어도 두 손과 머리가 있지 않은가. 처음엔 우리 역시 두 손과 머리로 일어섰다.

왕롄성은 한 번의 사업 실패로 모든 것을 잃었고 지금은 집마저도 몰수당했다. 왕롄성은 베란다에서 당장이라도 뛰어내려 모든 것을 끝내고 싶었다. 하지만 창밖을 보니 초목과 화려한 꽃들이 가득하고 한 무리의 아이들이 신나게 뛰어 놀고 있었다. 졸졸 흐르는 개울물 소리와 새들의 지저귐이 들려오자 왕롄성은 돌연 자신이 살고 있는 세상의 생기가 느껴졌다. 그리고 반드시 다시 일어서겠다고 결심했다.

재기를 다짐한 왕롄성은 다시금 힘을 모았고 여러 해가 지난 후 그의 사업은 대박이 났다.

이처럼 모든 것이 제로로 돌아간 상황에서도 포기하지 않고 다시 일어서야만 '부활'의 기회가 주어지는 것이다.

올 것은 오기 마련이다. 잃은 것에 대한 갈망은 아무짝에도 쓸모가 없다. 어떤 상황이든 간에 모든 것이 제로로 돌아가는 상황은 미처 생각지못한 일이다. 이 시점에선 모든 것을 다시 되돌려 놓는 것 말고는 울어본들 아무 소용이 없다.

우리가 낙관적인 마음을 가진다면 모든 일은 긍정적인 방향으로 나아가기 마련이다.

두펑강이 결혼한 첫해만 해도 그의 부인은 남다른 몸가짐과 우아한 자태를 자랑했었다. 벌써 부인은 임신 8개월이 되었고 그도 이제 곧 아빠가 될 것이다. 그러던 어느 날 두펑강의 사업 파트너가 돈을 들고 자취를 감추면서 그는 하루아침에 무일푼 신세가 되었다.

나쁜 일은 연이어 일어난다고 했던가. 시장을 보러 간 부인이 잠시 한눈 판 사이에 고속열차에 치이고 말았다. 부인은 급히 병원으로 이송되었지만 응급조치가 제대로 이뤄지지 않은 탓에 두펑강과 작별 인사도 나누지 못한 채 눈을 감아버렸다.

두펑강은 그야말로 무소유가 되었다.

그는 자살을 생각했다. 하지만 '모든 것은 다시 시작할 수 있다'던 부인의 생전의 위로가 뇌리를 스쳤다.

두펑강은 자신에게 상처만 남긴 집을 팔고 보상금으로 다른 도시로 이사를 했다. 떠나기 전 부인의 묘지를 찾은 두펑강은 이렇게 말했다. "어려운 일이 생기면 보러 오겠소. 오늘 난 다른 도시로 가서 모든 걸 새롭게 시작할 거요." 말을 마친 그는 묘지를 떠났다.

이후 두펑강은 매년 부인의 기일이 되면 어김없이 그녀를 위해 제사를 지냈다. 조금씩 일어나던 두펑강은 새로운 가정을 꾸렸지만 전부인도, 그녀의 말을 잊지 않고 매년 이곳에 와 제사를 지냈다.

어느 누구도 모든 걸 제로상태로 되돌리길 원치 않는다. 설령 불행하게도 그런 상황이 닥쳤다고 해도 절대로 가선 안 될 길을 가서는 안 된다.

다시 일어나야 한다. 당신 스스로 새롭게 시작할 수 있다고 믿어야만 기회를 만날 수 있다.

마음속의 태양은 긍정적인 마음으로 볼 수 있는 힘을 주고 모든 것에 온기를 불어넣어줄 것이다. 낙관적인 마음으로 다시 일어서는 것이야말로 모든 것이 제로가 된 상황에서 할 수 있는 가장 현명한 선택이다.

당신을 기억할 수 있는
일을 하라

홀로 외롭고 쓸쓸할 때 당신은 누구를 떠올리는가?

당신의 마음 깊은 곳에 늘 생각나는 사람이 있을 것이다. 그 상대는 아마도 당신의 첫사랑이거나 당신을 가장 아꼈던 사람일 것이다. 이런 사람들은 당신이 어려움에 처했을 때 최소한 밥 한 그릇이라도 건넬 것이다. 비록 동정심에 건넨 밥 한 그릇이더라도 그 밥 한 그릇 덕분으로 당신은 살아갈 수 있을 것이다. 그리고 여러 해가 지난 뒤에도 여전히 그 당시의 고마움을 기억할 것이다.

리즈차오란 이름의 사내아이는 너무도 불행했다. 그가 다섯 살이 되던 해 부모님이 잇따라 돌아가시고 고아원에도 들어가지 못한 그는 신문을 팔며 하루하루를 살았다.

어느 겨울날 한참동안 한 부의 신문도 팔지 못해 아무것도 먹지 못한 어린 리즈차오는 맛있는 냄새가 솔솔 피어나는 음식점을 보자 당장이라도 뛰어가서 허겁지겁 먹고 싶었다. 하지만 허리띠를 졸라매며 마음속으로 생각했다. "품격 있는 사람이 되려면 훔쳐선 안 돼. 훔쳐선 안 돼......."

어린 리즈차오는 이런 생각을 하며 '꼬르륵' 소리가 나는 배를 움켜쥐었다. 이때 길가에 샤오빙(밀가루 전병)을 파는 가판이 보이자 그 앞에서 한참을 서성였다.

그의 마음을 알아차린 가판대 사장은 김이 모락모락 나는 샤오빙을 건네며 말했다. "얘야. 가져가서 먹으렴!"

"저는 돈이 없어요."

사장을 말했다. "이건 공짜란다."

리즈차오는 울컥하며 말했다. "감사합니다. 사장님. 나중에 커서 꼭 갚을게요."

세월이 흘러 리즈차오는 한 병원의 병원장이 되었다. 그는 줄곧 당시의 은혜를 갚아야 한다는 생각에 당시의 가판대 사장을 찾았지만 쉽지 않았다.

그러던 어느 날 상태가 심각한 한 노인이 병원을 찾아왔다. 리즈차오는 노인의 생김새와 말투에서 어린 시절 가판대 사장임을 단번에 알아볼 수 있었다.

리즈차오는 얼른 간호사를 불러 응급실로 입원시키고 수술을 했다. 결과는 성공적이었다. 치료를 받은 후 거액의 병원비를 감당할 수 없는 처지였던 무일푼의 가난한 노인은 간호사에게 물었다. "저 선생님. 제 병원비가 얼마쯤 나왔나요?"

간호사가 말했다. "19만 위안이에요."

"세상에나. 그렇게나 많이 나왔어요? 진작 알았더라면 치료받지 않았을 텐데요." 말하는 그의 목소리에 근심이 가득했다.

간호사는 말했다. "뭐가 그리 걱정이세요?"

그는 말했다. "간호사 선생은 몰라요. 나한테 19만 위안은 상상도 안 될만큼 큰 숫자라고요! 이 늙은 몸뚱이로 남은 평생 내내 일해야 갚을 수 있는 액수란 말이오."

간호사가 말했다. "걱정 마세요. 어르신 치료비는 벌써 다른 분이 내셨는걸요."

누가 알았으랴. 간호가사 웃으며 이렇게 말할 줄을.

그는 이상하다는 듯 물었다. "나는 친척도 없는데, 누가 날 도와준단 말이오?"

간호사는 말했다. "저희 원장님이요!"

노인은 그제야 자신을 대신해 비싼 병원비를 선뜻 내준 원장이 여러해 전 샤오삥을 건넸던 아이였음을 알게 되었다. 노인은 일찌감치 그 일을 잊은 터라 리즈차오가 기억하고 있을 줄은 꿈에도 몰랐었다.

때론 이렇게 사소한 베풂이 받은 사람에겐 평생토록 기억에 남을 일이 되기도 한다.

이런 특별한 사람들은 늘 기억되기 마련이다. 우리는 우리를 깊이 아껴준 사람들을 기억할 것이다. 설령 우리가 그 마음을 받아들이지 않았더라도 말이다. 물론 당신이 사랑한 그 사람이 당신보다 잘 살고 있길 바랄 것이다.

어찌되었건 다른 사람에게 기억되는 것은 아름다운 일들이다. 그래야만 생각나고 기억하며 그리워하게 된다.

당신이 기억하는 사람은 누구인가? 또 당신을 기억하는 사람은 누구인가? 이런 인연들을 소중히 하고 가깝든 멀든 서로 잘 지내기만 한다면 어떤 근심걱정도 없을 것이다.

PART 9

당신이 바라는 행복은
단지 편안함이다

뜻대로 되지 않는 연애,
지난 사랑 때문일는지도 모른다

누군가는 마음에 둔 누군가와의 사랑에 빠지고 그 결실로 예식장에 들어서기도 하지만 또 누군가는 여러 번의 사랑을 하고도 제 반쪽을 찾지 못해 여전히 그 혹은 그녀를 찾아 방황하기도 한다.

지난 사랑에 실패한 후 새로운 사랑을 찾아나서는 많은 이들은 지난 사랑을 잊지 못하고 자기도 모르게 지금 사랑과 지난 사랑을 비교하기도 한다.

그래서 우리는 이전의 경험을 토대로 같은 실수를 반복하지 않기 위해 노력하지만 효과는 미미하다. 오히려 어떤 경우는 생각과는 전혀 다른 결과를 초래하기도 해 자신에게 상처를 남기고 다른 감정까지 허비한다.

새로운 상대를 찾을 때면 모두가 아주 달콤한 포도를 기대하지만 실패한 사랑을 얘기할 때면 신 포도를 먹은 듯한 느낌이다.

새로운 사랑이 시작되면 전철을 밟지 않기 위해 전 상대의 결점이나 문제, 모순 등에 대해 체계적으로 고민해보고 심지어 특수한 취미 등은 다른 감정 속에 뒤섞어버리기도 한다.

이런 방법은 합리적인 듯 보이지만 모든 사람은 다르고, 새로운 감정도 다를 수밖에 없음을 간과한 처사다. 만약 당신이 새로운 상대에게서 지난 사랑의 그림자를 없애거나 찾는다면 스스로에게 상처를 줄 뿐 아니라 심리적인 그림자를 남겨 새로운 감정마저도 실패로 만들 수 있다. 이런 식이라면 이미 상처를 준 전 사람이 다시금 당신에게 상처를 주는 꼴이 된다.

양위신은 대도시에서 자랐다. 얼굴도 예뻤고 패션 감각도 있다. 대학 졸업 후 유명한 외국계 기업에 입사한 그녀는 전형적인 도시의 여자였다. 이치대로라면 미모와 지성까지 겸비한 여성은 일과 사랑 모두 순조로워야 할 터였다. 그러나 올해 스물아홉 살이 된 양위신은 아직도 마음에 드는 짝을 찾지 못하고 있다.

양위신의 첫사랑은 6년 전에 시작되었었다. 남자 친구인 첸창은 훈훈한 외모를 가진 대학 동기였다. 첸창과 양위신이 함께 있는 모습은 그야말로 선남선녀였다.

마초 성향이 짙었던 첸창은 무슨 일이든 여자 친구와의 상의 없이 독단적으로 결정할 뿐 양위신의 상황은 조금도 고려하지 않았다. 특히 양위신은 첸창이 술을 좋아한다는 점을 무척 싫어했는데 첸창은 동기나 친구들과 코가 삐뚤어지게 술을 마신 날엔 어김없이 양위신에게 데리러 오라는 전화를 했다.

한번은 양위신이 조금 늦자 그는 친구들이 있는 사리에서 양위신을 깎아 내리고 무시하는 태도를 보였다.

이 일로 크게 상심한 양위신은 비록 첸창을 많이 사랑했지만 그와 함께하는 시간이 너무나 힘겨운 나머지 결국 이별을 선택했다.

이후 양위신은 실연 후의 첫 번째 구애자인 쉬밍을 만났다. 쉬밍은 회사 영업부 팀장으로 외모도 준수한데다가 회사 내에서의 평판도 좋았다. 만약 양위신이 그와 함께 한다면 아주 좋은 선택이었을 거다.

쉬밍의 진심 어린 고백을 받은 양위신은 우선 교제를 해보기로 했다. 그 시간 동안 그들은 서로 함께 있는 시간도 즐겁고 성격도 잘 맞았다. 하지만 양위신이 그와 정식으로 사귀기로 마음먹었을 당시 걸려온 한 통의 전화는 둘 사이를 갈라놓고 말았다.

당시 쉬밍은 다른 부서의 몇몇 동기와 술자리를 하고 있었다. 계약을 따내기 위해 어쩔 수 없이 고객을 접대하고 있었던 쉬밍은 원래 주량이 얼마 되지 않아 금세 취했다. 술자리가 끝나고 동료들은 모두 돌아간 뒤 너무 취한 쉬밍은 양위신에게 전화를 걸어 데리러 와주길 부탁했다.

하지만 한참을 기다려도 양위신은 오지 않았고 다시 전화를 걸었을 때 그녀의 전화는 꺼져있었다.

이튿날 양위신은 이별을 통보했다. 쉬밍이 이유를 묻자 양위신은 답했다. "난 술에 취한 남자를 혐오해요. 주정뱅이 남편과 살고 싶은 마음은 추호도 없어요."

사실 쉬밍은 술을 자주 마시지 않는데다 이번은 아주 드문 경우였다. 하지만 전 남자 친구의 주사로 상처받았던 양위신은 미래 남편은 절대 술을 먹지 말아야 하며 절대 취해선 안 된다고 생각하고 있었던 것이다. 음주로 큰 상처와 고통을 받은 양위신은 결국 쉬밍과의 사랑에 대해 '사형'이란 판결을 내린 것이다.

이후에도 양위신은 자신에게 호감을 보인 몇몇 남자들을 얼굴이 별로거나 전 남자 친구처럼 음주를 한다는 이유로 거절했다.

이렇다 보니 꽤 많은 시간이 흐르는 동안 어느 누구도 양위신에게 소개팅을 권하지 않았다. 설령 회사 내에 그녀를 좋아하는 사람이 있어도 쉽사리 그녀에게 고백하지 못했다. 업무 특성상 술을 아주 멀리할 순 없었기 때문이다.

그때 이후로 양위신은 줄곧 혼자 외롭게 지내야 했다. 주변의 친구와 동료들의 잇따른 결혼을 보면서 그녀 역시 마음이 아팠지만 첫사랑이 준 상처 때문에 술에 대한 기준은 쉽게 포기할 수 없었다.

세상에 완전히 똑같은 나뭇잎이 있을 순 없다.

이야기 속의 양위신은 전 남자 친구의 잘못으로 말미암아 사랑의 실패를 거듭하고 있다. 만약 사랑이 상대방을 바꾸고 스스로도 바뀌나가는 과정이라고 생각한다면 두 사람은 사랑하는 과정 속에서 더 많이 발전할 수 있을 것이다.

당신이 경험이 있든 없든 혹은 그 경험이 아름답든 그렇지 않든 간에 지난 사랑의 그림자는 과감히 지워버려야 한다. 그래야만 앞으로의 행복을 위한 선택의 기로에서 방해받지 않고 하루 빨리 최고의 행복을 만날 수 있다.

당신이 바라는 행복은
단지 편안함이다

돈이 아무리 많다 해도 모든 걸 살 수는 없다. 인생이란 노력하며 살아야 하겠지만 꼭 돈 때문에 노력하며 살 필요는 없다. 설령 금이나 은으로 쌓은 산에 앉아 있더라도 우리는 다 쓰지 못할 텐데 그 곳에 묻어둔 돈까지 어찌 쓸 수가 있겠는가?

아주 먼 옛날 한 부자가 있었다. 부자는 많은 금을 밀실에 숨겨두고는 두 사람을 시켜 단단히 지키라고 명했다.

부자에게는 한 가지 습관이 있었는데 그것은 바로 매일 저녁 그 금들을 감상한 후에 만족스런 마음으로 돌아가는 것이었다.

어느 날 부자는 밀실에 있어야 할 금 포대 몇 자루가 부족하다는 것을 알아차렸다. 부자는 분명 그 문을 지키는 두 하인 가운데 한 명이 한 짓이라고 생각하고는 두 하인을 불러 묻기 시작했다.

하인들이 모르쇠로 일관하자 부자는 어쩔 수 없이 관가에 알렸고 두 하인은 그제야 털어놓았다.

현령은 두 하인에게 물었다. "너희는 왜 주인의 금을 훔쳤느냐?"

한 하인이 말했다. "금을 옮겨 놓으라고 해서 놓으란 곳에 두었습니다. 저는 단지 위치만 바꿔, 저희 집에 둔 것뿐입니다."

하인의 답변은 현장에 있던 사람들의 웃음을 자아냈다. 부자는 그 말에 깊이 반성하게 되었다.

그렇게 많은 금을 가지고도 가치 있게 쓰기는커녕 행여 누가 훔쳐가지나 않을까 노심초사만 했던 것이다. 만약 이 '넘치는' 금화를 누군가를 돕는 데 써보면 어떨까? 희망사업에 기부한다거나 학교를 짓는다거나. 그렇다면 훨씬 가치 있게 쓰고 사회적인 명망도 얻을 수 것이다.

돈이란 그리 중요하지 않은 것인데도 많은 이들은 이 돈을 위해 고단한 하루하루를 살아간다. 삶이 힘겨운 이유의 대부분은 돈과 무관치 않다. 물론 돈을 싫어하는 사람은 없다. 돈이 만능은 아니지만 돈이 없다면 수만 가지 일이 불가능하기 때문이다. 하지만 돈을 위해 평생을 애쓰며 오랜 시간을 보낸다면 돈의 노예만 될 뿐 여전히 고달픈 삶을 살 것이다.

해변에서 휴가를 보내고 있던 한 부호는 해변에 누워 단잠을 자는 어부를 보고는 질문을 던졌다. "이렇게 날씨가 좋은데 오늘은 조업을 안 하시나요?"

어부는 나른한 목소리로 말했다. "물고기는 잡아서 뭐 하려고요?"

부호가 말했다. "그래야 더 많이 벌 수 있지요!"

"그 많은 돈을 어디다 쓰려고요?"

부호는 말했다. "당신도 나처럼 해변에서 휴가를 보낼 수 있지요."

어부는 말했다. "내가 지금 뭘 하고 있는 것 같소? 휴가를 만끽하고 있는 거 같지 않소?"

돈 있는 사람을 대수롭지 않게 여길수록 삶은 더 여유로워 진다. 여유롭게 산다는 건 명예나 권세를 추구하지 않는 것이다. 생각해 보라. 그리 많은 사람들 모두가 명예와 이익을 위해 피 튀기는 경쟁을 한다면 결국 심신은 지치고 뜻대로 이뤄지지도 않을 것이 자명하다.

돈이나 명예 등은 시간이 가면 사라진다. 여유를 가지고 살아야만 자연스럽고 품위있는 삶을 살 수 있다. 삶에 여유가 없다면 지나친 욕심을 부리게 될 테고 그런 욕망은 양날의 검과 같아서 우리를 만족시켜줌과 동시에 우리의 마음 한 구석에 상처를 남긴다.

소박한 상차림, 땅 한 마지기, 아름다운 부인, 사랑스런 아이들 얼마나 편안하고 자유로운 삶인가!

오늘부터 여유로운 마음으로 주변을 둘러보고, 먹거리에도 관심을 가져보자. 또 오늘부터 지인들과 연락을 하고 모든 강과 바다 그리고 산에 온기 가득한 이름을 붙여보자. 더불어 드넓은 바다를 바라보며 화사한 봄날의 에너지를 만끽해보자. 이 얼마나 행복한 삶인가!

　행복이란 돈을 위한 노예가 되지 않고도, 또 명예를 얻기 위해 발버둥 치지 않아도 우리의 소소한 일상에서 찾을 수 있다. 그리고 그 소소함은 마음속의 아름다움이 되어 우리를 보다 소중한 존재로 만들어 줄 것이다!

성공한 자는
고민하지 않는다

위궈는 말했다. "육지보다 넓은 것은 바다이고, 바다보다 더 넓은 것은 하늘이며, 하늘보다 더 넓은 것은 우리의 가슴이다."

당신은 어떤가? 가슴을 활짝 펼 수 있는가?

속이 좁은 사람들은 모든 일을 자신을 중심으로 생각한다. 심지어는 다른 이를 희생시켜서까지 자신의 목적을 이루려는 시도도 서슴지 않아 사람들의 멸시를 받곤 한다. 주변의 사람들은 점점 그를 멀리하고 결국 '고립무원'의 신세로 전락하고 만다.

그렇기에 넓은 가슴을 가져야만 더 많은 친구를 얻을 수 있다.

자오즈충과 장민타오는 본래 같은 회사를 다녔었다. 사이가 좋았던 두 사람은 매일 저녁 산책도 하고 밥도 먹었으며 주말이면 교외로 나가 기분 전환도 하곤 했다.

주변에서 동료 간에도 지런 우정이 가능하냐고 물을 만큼 쉽지 않은 일이었다.

한번은 장민타오가 자오즈충에게 오천 위안과 그가 아끼는 컴퓨터를 빌려 출장을 다녀왔다. 그리고는 그 사이 컴퓨터가 망가졌다고 말하는 게 아닌가. 자오즈충은 너무 화가 난 나머지 장민타오에게 컴퓨터를 배상해 줄 것을 요구했다.

처음엔 물어주겠다고 했던 장민타오였지만 사실 자신이 사용하는 것도 값싼 중고 제품인데 어느 세월에 자오즈충의 고가의 컴퓨터 값을 다 줄 수 있을지 걱정스러웠다.

사실 자오즈충은 나름 여유가 있는 친구인지라 벌써 새 컴퓨터를 장만한 상황이었다. 단지 장민타오에게 그 말을 하지 않았을 뿐이다.

자오즈충은 어서 갚으라는 독촉을 하진 않았지만 조금도 미안해하는 기색 없이 지내는 장민타오가 내내 신경 쓰였다. 그는 지나가는 말로 물었다. "컴퓨터 값은 언제쯤 줄 거니?"

장민타오는 말했다. "내가 지금 여유가 없어서 그래. 조금만 기다려주면 곧 새 컴퓨터를 사줄게."

자오즈충은 더 이상 장민타오를 보채지 않고 스스로 반성했다. 장민타오가 나를 소심하다고 생각할까? 하지만 다른 사람의 물건을 망가뜨렸다면 당연히 배상을 해줘야지! 선을 지키지 않는다면 제 멋대로 규칙을 지키지 않을 테고 그럼 함께하기가 더욱 어려워질 것이다. 그 역시 장민타오가 홀로 설 수 있도록, 또 그를 위해 조금씩 그와 거리를 두기 시작했다.

자오즈충은 좋은 친구로서 여전히 장민타오와 함께하고 자주 밥도 사며 말했다. "같이 밥 먹자. 내가 밥을 사는 건 아무 문제가 안 돼. 하지만 앞으론 돈 거래는 하지 말자. 친형제 간에도 돈 거래는 명확해야 하는 법이니까. 오천 위안도 되도록 빨리 돌려줬으면 좋겠어!"

이후 두 사람은 각자 더 좋은 직장으로 옮기면서 더 이상 같은 회사에 근무하지 않았다. 하지만 장민타오는 여전히 자오즈충의 돈을 갚지 않았을 뿐더러 컴퓨터도 새로 사주지 않았다.

자오즈충은 종종 얘기를 꺼냈지만 그는 묵묵부답이었다. 이처럼 한번 미뤄지면 또다시 몇 년이 흘렀다. 일이 이렇게 되고 보니 자오즈충에게 그 돈을 돌려받고 안 받고는 더 이상 중요한 문제가 아니었다.

얼마 지나지 않아 장민타오는 집세를 핑계로 자오즈충에게 일만 위안을 빌려달라는 말을 꺼냈다. 자오즈충은 분명 여유가 있었지만 단호하게 말했다. "더 이상 돈 거래는 하지 않겠다고 말했잖아. 한 번 빌리면 두 번 빌리는 건 어렵지 않지. 지난번에 빌려준 컴퓨터 값과 오천 위안은 됐어. 하지만 앞으로는 너 혼자 스스로 해결하며 살도록 해."

장민타오는 불만 섞인 목소리로 말했다. "네가 없었어도 잘 살 수 있었어! 널 제일 좋은 친구라 생각했는데. 어쩌면 이렇게 힘들다는데 그 돈도 안 빌려줄 수가 있니. 이제 절교야!"

"절교할 테면 절교해!" 두 사람 관계는 이렇게 끝나고 말았다.

어쩌면 당신은 자오즈충이 돈이 있으면서도 어쩌면 저렇게 소심하게 굴었을까라고 말할지도 모르겠다. 컴퓨터와 오천 위안 때문이 아니다! 먼저 잘못한 건 장민타오다. 아무런 노력도 기울이지 않고 다른 사람에게서 이득만 취하려고 했기 때문이다.

현실에서 모든 사람은 스스로 강인해지고 노력하며 살아야 한다. 어느 누구도 당신을 돌보고 도와 줄 의무는 없다.

불쾌한 감정도 금세 지나가기 마련이다. 우리의 가슴이 넓을수록 다른 사람의 실수를 보듬어 줄 수 있고 더 많은 지지와 인정을 받을 수 있다.

우리는 득과 실에 따라 마음을 움직여서는 안 되며 외부의 요소로 말미암아 흔들려서는 안 된다. 큰 충격을 받든 작은 풍랑을 겪든 담대하고 냉정하며 침착해야 한다.

유치한 어린 시절은
성숙한 오늘을 위함이다

성장앨범을 펼쳐 자신이 자란 과정을 천천히 살펴보면 많은 변화가 보일 것이다. 그렇다고 해도 어린 시절 유치했던 자신을 보고 쉽사리 웃긴 어려울 것이다.

우텐샤오와 텐차오는 연인 사이로 이미 텐차오 부모님의 승낙도 받았다.

하루는 우텐샤오가 혼자 텐차오의 부모님을 찾아뵙자 텐차오의 부모님은 예비 며느리를 아주 따뜻하게 맞이해 주셨다. 텐차오의 어머니는 그녀를 방 안으로 안내했고 그의 아버지는 서랍장에서 텐차오의 어린 시절 사진첩을 가져와 보여주었다. 우텐샤오는 어린 텐차오가 치마를 입고 변발을 한 모습을 보다 하마터면 웃음을 터트릴 뻔했다. 우텐샤오는 입을 가리며 텐차오의 아버지께 물었다. "아버님. 텐차오는 어떻게 이런 치마를 입고 사진을 찍었어요? 일부러 입히신 거예요?"

텐차오의 아빠는 말했다. "당시 텐차오가 스스로 입겠다고 했지. 이유는 우리도 알 수가 없었어. 지금 생각해보니 정말 우스운 일이었던 것 같구나. 음. 이 사진도 좀 보려무나. 다섯 살 때는 개구멍바지(가랑이 부분이 터진 유아복)를 입고 있네!"

우톈샤오는 또 한 번 웃음이 터지려는 걸 간신히 참았다.

오후가 되어 톈차오의 집을 나선 우톈샤오는 돌아가는 길에 다시 사진을 떠올리며 한참을 웃었다.

마침 톈차오의 전화가 왔고 저녁을 먹기로 약속을 잡았다.

식당에 자리를 잡은 후 우톈샤오는 고개를 들어 톈차오를 보자 웃음이 터져버렸다. 밥을 먹을 때도 톈차오는 우톈샤오가 웃고 있는 모습을 발견했다. 도저히 영문을 알 수 없는 그는 그녀에게 물었다. "오늘 왜 이렇게 기분이 좋아? 무슨 좋은 일이라도 있는 거야?"

우톈샤오는 웃음이 나오는 걸 참지 못하며 말했다. "아니야. 당신 어렸을 때 무지 귀엽더라."

"어렸을 때? 내가 어렸을 때 어땠는지 어떻게 알고?"

"세 살 땐 치마를 입었고, 다섯 살 때는 개구멍바지를 입고……."

톈차오는 아무렇지 않은 듯 말했다. "우리 부모님이 어릴 적 앨범을 보여주셨구나. 어때? 그때도 꽤 멋졌지?"

우톈샤오는 말했다. "얼마나 재밌었다고. 당신 같은 사내대장부가 그런 어린 시절이 있었다니 말이야!"

톈차오는 말했다. "다 소장 가치가 있는 사진들이야!"

우리는 종종 과거로 돌아가길 꿈꾼다. 순수했던 과거의 우리는 어른이 되는 날만을 손꼽아 기다렸다. 그리고 천천히 어른이 되었고 이제는 다시는 그 시절로는 돌아갈 수 없게 되었다.

자신이 점점 성숙해져 간다는 사실을 인식하면서 자신의 또 다른 독특한 매력을 발견하게 된다. 우리도 미래 지향적인 시각으로 자신을 돌아보고 과거에 머물러선 안 된다. 새로운 변화를 받아들이고 미래를 개척해 나가야 한다.

결혼 후 분가한 루스총은 바쁜 일상을 보내고 있었다.

하루는 루스총이 부모님을 찾아뵈었다. 점심때가 되자 어머니는 점심 준비를 하셨고 루스총도 소매를 걷어 올리고 주방으로 들어서며 말했다. "오늘은 제가 멋진 요리를 해드릴게요. 엄마 아빠도 깜짝 놀라실 거예요."

어머니는 웃으며 말했다. "어디서 음식을 해봤다고. 성가시게 하지 말고 나가서 기다리고 있으렴!"

루스총은 마치 찬물이라도 한 바가지 뒤집어 쓴 것처럼 말했다. "아직도 예전의 저로 보시네요. 이번에 잘 보세요. 제 깜짝 놀랄 솜씨를 보여드릴 테니까요."

어머니는 웃으며 옆에서 봐라보았다. 루스총이 빠르고 숙련된 솜씨로 여러 종류의 요리들을 내놓자 어머니는 깜짝 놀라 말을 잊지 못하셨다.

루스총은 말했다. "엄마 아들 대단하죠!"

어머니는 말했다. "주방엔 들어가 보지도 않고 활어는 무섭다고 도망가던 녀석이 어떻게 된 일이야?"

루스총은 말했다. "저도 이제 어른이잖아요!"

어머니는 기뻐하며 말했다. "우리아들이 이제 다 컸구나. 철들었어!"

성장한다는 건 점점 사리분별을 할 줄 알고 명석해져 장기적인 안목도 가질 수 있는 것을 의미한다.

세상은 변하고 세월은 흐른다. 우리는 과거의 자신이 귀여웠다고 생각한다 해도 그때의 어리고 유치한 자신을 비웃진 못할 것이다.

우리의 현재는 미래의 과거가 될 것이다. 매일 매일을 다채롭게 살아야만 당신의 인생이 더 풍요로워질 것이다.

청춘에는 청춘이
해야 할 일을 해라

선생님이 말씀하셨다. "시간은 금과 같지만 금으론 시간을 살 수 없다."

점점 더 많은 젊은이들이 시간의 중요성을 인식하고 쉬지 않고 달린다. 물론 미래를 위한 계획이 필요하지만 더 중요한 건 지금을 잘 사는 것이다.

이태백은 "뜻을 이루면 반드시 기쁨을 누려야 하니, 홀로 금 술잔을 들고 달빛에 대작하지 마시옵길"이라 했다.

또 다른 시에서는 이렇게 말했다. "활짝 핀 꽃은 적시에 따주고, 적기가 아닐 때에는 꽃이 떨어지기를 기다렸다 가지를 꺾어주어야 하노라."라고 말이다. 주변의 사람이나 사물을 잃을 때까지 내버려 둔다면 끝내는 후회하게 된다!

주푸건은 술이라곤 입에 한 방울도 대지 않는 사람이다. 그런데 그날만큼은 곤드레만드레 취하도록 술을 마셨다. 알고 보니 그만을 사랑한다던 여성이 다른 이와 결혼을 해서였다.

주푸건은 자신을 오랜 시간 바라봐준 그녀와 잠시 사귀기도 했지만 그녀는 매번 결혼을 요구했다. 사실 주푸건은 그녀가 싫다기보다는 우선 일에 매진하고 싶었기에 좀 더 시간을 두고 사귀어보려고 했던 것이었다.

하지만 그녀는 백번도 넘게 결혼하자며 주푸건을 졸라댔고 그럴 때마다 그는 '정당'한 이유를 들어가며 그녀를 거절했다.

반복되는 거절에 의기소침해진 그녀는 결혼을 목적으로 하지 않는 연애는 부질없다며 그를 떠났다.

그리고 지금의 남편을 만나 단도직입적으로 물었다. "우리 결혼할까요?" 상대방은 흔쾌히 받아들이고 그녀와 가정을 꾸렸다.

주푸건은 생각하면 생각할수록 가슴이 미어지는 듯했지만 이미 버스는 떠난 뒤였다.

왜 가고 나서야 이렇게 후회를 하는 걸까?

왜 곁에 있을 땐 그 소중함을 모르는 걸까?

인생은 짧다. 눈 깜짝할 사이에 지나가는 게 인생이다. 당대 시인 두보 역시 '십 년의 양주 생활은 돌아보니 꿈만 같다'라고 말했다.

이는 여유를 부리며 유랑하라는 의미도, 앉아서 게으름 피우며 살라는 의미도 아니다. 다만 지금의 소중함을 알고 청춘의 행복을 잊어서는 안 된다는 뜻이다. 청춘은 단 한 번뿐이다. 지금 소유할 수 있다고 해서 영원히 잃지 않으리란 법은 없다.

　지금이 청춘이라면 청춘만이 할 수 있는 일을 해야 한다. 우리의 노력만 더해진다면 설령 이뤄지지 않는다 하더라도 최소한 후회는 남지 않을 것 이다.

당신을 속이는 자와
실랑이 벌이지 마라

보기에는 순수하고 아무런 해도 끼치지 않는, 마치 인간 세상에 잠시 들른 신선 같아 보이는 사람이 있다. 하지만 열 길 물속은 알아도 한 길 사람 속은 모른다고 했다. 깊이 사귀어 보면 보기와는 사뭇 다른 모습에 정신이 번쩍 들곤 한다. 믿을 수 있는 건 나 자신뿐이다.

리쥔솨이는 주샤오리에게 사업이 성공하면 오만 위안의 이익을 나눠주겠다고 약속했지만 사업은 생각처럼 잘 풀리지 않았다. 일이 마무리가 된 후 리쥔솨이가 주샤오리에게 준 돈은 고작 만 위안이었다.

이 일이 있은 후 주샤오리는 이 친구가 자신을 이용하고 있다고 생각하기 시작했다. 그렇게 믿어의심치 않았던 리쥔사이가 자신을 이렇게 기만하리라고는 전혀 생각지 못했었다. 주샤오리는 하는 수 없이 더 이상 리쥔솨이와는 함께하지 않겠다고 다짐했다.

기만하는 자는 용서할 수 없지만 기만당했다고 누군가를 미워하고 증오하는 것도 이득도 없을 뿐 아니라 자신의 마음만 복잡하게 만들 뿐이다. 우리가 아파한다고 해서 그들도 아파할 리 만무하다. 또 그들이 기뻐한다고 또 우리도 함께 기뻐할 수도 없다. 기왕지사 다른 이 때문에 내 자신을 망칠 필요가 어디 있겠는가?

모든 고통은 지나가기 마련이다. 대수롭지 않은 일이라 생각하고 잊어버린 후 다시는 같은 함정에 빠지지 않는다면 그것으로 충분하다. 때론 지나치게 단순한 나머지 꿍꿍이가 있는 이들에게 이용을 당하기도 한다. 마치 갓 졸업한 사회초년생처럼 열심히 일하고도 임금을 못 받는 것처럼 말이다.

사기꾼들은 하늘이 달콤한 파이를 내려줄 것이라고, 아무 일도 않고도 돈을 벌 수도 있을 거라는 말로 유혹한다. 우리는 그런 사기꾼들의 수작을 꿰뚫어볼 줄 알아야 한다. 그래야만 그들의 수작에 넘어가지 않을 수 있다.

속았다면 분노 속에 빠져있지 말고 어둠에서 벗어나는 방법을 배우고 언젠간 구름이 걷히고 밝은 태양이 내리 쬘 것임을 믿어야 한다. 진실은 진실이고, 거짓은 거짓이다. 한 순간에 지나가는 인생인 만큼 우리 스스로는 공명정대하게 살아야 할 것이다.

당신은 실패하지 않았다.

단지 새롭게 시작할 뿐이다.

즈양 지음

본명은 저우청공(周成功), 베스트셀러 작가이자, 중문온라인 계약 작가다.
이공계 출신이지만 점점 활발한 창작 활동을 하고 있다.
성장의 고통을 겪었지만 여전히 꿈의 온도를 유지하고 있다.
중국 국내외에서 다수의 작품을 발표했으며,
일부 작품은 청핀(CHENGPIN)네트워크서점 판매 순위 top 3에 오르며
젊은 독자들에게 많은 영향력을 발휘하고 있다.
작품으로는 《미세한 표정과 동작에 대한 분석 전집(圖解微表情微動作全集)》,
《사람이 되고 처세하는 법(會做人會處世)》,
《원래, 성공한 사람들은 이렇게 생각한다(原來,成功者是這樣想的)》,
《생존의 지혜와 법칙(生存智慧法則)》 등이 있다.

임보미 옮김

중앙대학교 국제대학원 한중전문통역번역학과를 석사 졸업하고 동 대학원
중국지역학과 박사과정에 재학중이며 각종 기업체 번역 및 통역 경험이 풍부하다.
현재 번역에이전시 ㈜엔터스코리아에서 전문번역가로 활동하고 있다.
주요 역서로는 『사람은 왜 도덕적이어야 하는가: 영화에서 철학을 만나다』,
『경제학자의 눈으로 본 별난 세상(출간예정)』등이 있다.

열심히 사는데 왜 생각처럼 안 될까

2018년 9월 5일 1판 1쇄 인쇄
2018년 9월 10일 1판 1쇄 발행

펴낸곳 | 파주 북스
펴낸이 | 하명호
지은이 | 즈양
옮긴이 | 임보미
주   소 | 경기도 고양시 일산서구 대화동 2058-9호
전화 | (031)906-3426
팩스 | (031)906-3427
e-Mail | dhbooks96@hanmail.net
출판등록 제2013-000177호
ISBN 979-11-86558-19-5 (03320)
값 14,000원